COMUNICAZIONE ASSERTIVA

Scopri il Potere delle Parole e Conquista il Mondo
Imparando ad Esprimerti con Sicurezza,
Convinzione e Rispetto per Creare Relazioni di
Estremo Successo
(Guida Completa)

Gennaro Lucchese

Sommario

Introduzione

Cos' è la Comunicazione Assertiva?

La comunicazione assertiva è un'abilità fondamentale che tutti dovrebbero possedere. Si tratta di uno stile comunicativo che consente di esprimere le proprie opinioni, emozioni e necessità in modo efficace, diretto e rispettoso. In un contesto in cui molte persone lottano per essere ascoltate e comprese, la comunicazione assertiva emerge come un approccio equilibrato che rispetta sia i diritti personali che quelli altrui.

Infatti, l'assertività rappresenta un punto di equilibrio tra due estremi della comunicazione: la comunicazione passiva e quella aggressiva. Nella comunicazione passiva, le persone tendono a sopprimere i propri pensieri, sentimenti e bisogni per evitare conflitti o per paura del rifiuto. Al contrario, nella comunicazione aggressiva, si esprimono sentimenti e bisogni senza considerare i diritti e i sentimenti degli altri, causando eventuali tensioni e conflitti. Tramite la comunicazione assertiva, invece, diventa possibile esprimere le proprie idee e sentimenti senza avere un impatto negativo sul benessere altrui, favorendo l'ascolto attivo e il rispetto reciproco.

Questo stile di comunicazione non riguarda solo l'uso delle parole. È un approccio che coinvolge l'intero essere, includendo il linguaggio del corpo, il tono di voce, l'espressione facciale, e perfino il silenzio. Le parole possono dire molto, ma il modo in cui vengono pronunciate e le azioni che le accompagnano comunicano altrettanto, se non di più. Nella comunicazione assertiva, coerenza e autenticità tra parole, tono e comportamento sono cruciali.

Il termine "assertivo" ha origine dal latino "assertum", che significa affermare se stessi. La comunicazione assertiva va oltre la semplice comunicazione, diventando un vero e proprio stile di vita che ruota attorno l'espressione di autostima, sicurezza e rispetto verso gli altri.

È importante riconoscere che diventare assertivi è un processo graduale che comporta la consapevolezza dei propri diritti e la loro affermazione in modo appropriato. Tale consapevolezza riguarda una conoscenza profonda di sé, una comprensione delle proprie emozioni e dei propri bisogni, nonché la volontà di apportare cambiamenti. Tuttavia, acquisire l'abilità di comunicare in maniera assertiva non si limita solo ai diritti, ma implica anche responsabilità. La responsabilità di ascoltare e rispettare i diritti degli altri, di rispondere invece di reagire, di gestire i conflitti in modo costruttivo e di contribuire a un clima di rispetto e comprensione reciproca.

Pertanto, è necessario sviluppare abilità come l'ascolto attivo, la gestione dei conflitti, l'espressione chiara e diretta dei sentimenti e dei bisogni, nonché il rispetto per i diritti e i sentimenti degli altri.

L'obiettivo della comunicazione assertiva non è vincere, ma raggiungere un compromesso e costruire relazioni basate sul rispetto reciproco. Questo può sembrare un obiettivo difficile, ma i benefici che ne derivano sono immensi. Le relazioni basate sulla comunicazione assertiva sono generalmente più sane, più rispettose e più gratificanti. I conflitti, seppur inevitabili, possono essere gestiti in modo costruttivo e risolutivo, trasformandoli in opportunità di crescita e apprendimento. Le persone che adottano uno stile di comunicazione assertivo si sentono più sicure di sé, godono di una maggiore autostima e sono più rispettate dagli altri.

Anche sul luogo di lavoro, la comunicazione assertiva svolge un ruolo fondamentale. Può migliorare la produttività, l'efficienza e il morale del team. Permette di esprimere le proprie opinioni e idee senza paura di essere ignorati o sminuiti, oltre a favorire la risoluzione sana e positiva dei possibili conflitti.

Nonostante i suoi numerosi benefici, la comunicazione assertiva è un'abilità spesso trascurata. Molte persone non ne sono nemmeno a conoscenza, o confondono l'assertività con l'aggressività. Questo libro si propone di colmare questa lacuna, fornendo una guida completa sulla comunicazione assertiva: cosa significa, perché è importante, e come sviluppare abilità assertive. L'obiettivo è di aiutarti a migliorare le tue competenze comunicative, a costruire relazioni più forti e rispettose, ed infine ad esprimere te stesso in modo autentico e rispettoso. Perché la comunicazione assertiva non è solo una competenza, ma un modo di vivere, un cammino verso una vita più autentica, rispettosa e gratificante.

Cosa Imparerai da Questo Libro?

Questo libro si pone come obiettivo primario l'illustrare i meccanismi e i vantaggi della comunicazione assertiva, allo scopo di fornirti gli strumenti necessari per implementare questo stile comunicativo nella vita quotidiana. Ciò nonostante, non si tratta solo di un manuale teorico: dato che la comunicazione assertiva è un'abilità pratica, ogni capitolo di questo libro è progettato per guidarti passo passo in attività che ti aiuteranno a mettere in pratica ciò che hai appreso.

Nel corso di questa lettura, sarà possibile approfondire la comprensione della comunicazione assertiva e del suo impatto significativo sia sulle relazioni interpersonali che sulla sicurezza personale e sull'autostima. Inoltre, questo volume mira a sfatare alcuni miti persistenti sulla comunicazione assertiva, come l'erronea associazione con l'aggressività. Sei invitato a partecipare attivamente alla tua formazione, mettendo in pratica le tecniche e le strategie discusse.

Il testo è organizzato per facilitare l'assimilazione e l'apprendimento dei concetti. Il primo capitolo delinea i fondamenti teorici della comunicazione assertiva, mettendo in luce i suoi vantaggi. I capitoli successivi, il secondo e il terzo, si focalizzano sulla scoperta del proprio io: una comprensione di sé stessi, delle proprie emozioni e dell'autostima, è fondamentale prima di poter comunicare efficacemente con gli altri.

Il quarto capitolo fornisce una guida pratica per lo sviluppo di abilità comunicative efficaci e chiare, offrendo consigli su come esprimersi in maniera diretta e inequivocabile. Il quinto capitolo propone strumenti e strategie per la gestione dei conflitti e delle critiche, evidenziando la necessità di un approccio assertivo a tali situazioni.

Il sesto capitolo si concentra sulle relazioni, illustrando come la comunicazione assertiva possa aiutare a costruire e mantenere relazioni di successo.

Infine, il settimo capitolo offre una panoramica su come applicare la comunicazione assertiva in vari contesti, dalla famiglia al lavoro, dalle amicizie alle relazioni romantiche.

Ogni capitolo è arricchito da esempi pratici e suggerimenti che ti aiuteranno a implementare e a perfezionare le tue abilità di comunicazione assertiva.

In questo viaggio di scoperta e crescita personale, ogni lettore potrà migliorare la propria capacità di comunicare con chiarezza, rispetto e convinzione, arricchendo così le proprie relazioni e rafforzando la propria autostima e sicurezza. Nel complesso, il libro mira a trasformare la comunicazione in un potente strumento di espressione personale e di costruzione di relazioni positive e soddisfacenti.

Ogni pagina di questo libro è destinata a guidarti verso una grande consapevolezza del tuo io, accompagnata da un maggiore rispetto per gli altri e una più profonda comprensione dell'arte della comunicazione.

Perché al termine del percorso, non è solo il mondo della comunicazione che sarà conquistato, ma anche una nuova percezione di te e un'importante considerazione della voce e delle necessità altrui.

Ricorda che, sebbene l'applicazione pratica dei principi della comunicazione assertiva possa avere un impatto significativo in diverse aree della vita, il percorso proposto dal libro non sarà sempre semplice. Richiederà impegno, introspezione e la volontà di sfidare vecchie abitudini e modelli di pensiero. Potrebbe essere necessario sperimentare diverse tecniche e strategie prima di trovare quelle che funzionano meglio per te. È, inoltre, una competenza che deve essere coltivata e affinata nel tempo. Ma ogni piccolo passo avanti è un passo verso una comunicazione più autentica e gratificante.

Capitolo 1: Decifrare l'Essenza della Comunicazione Assertiva

La Comunicazione Assertiva sotto la Lente d'Ingrandimento

Per poter sfruttare al meglio il potere della comunicazione assertiva, è necessario comprendere a fondo tutte le sue sfumature. Con il termine "comunicazione assertiva" ci si riferisce allo stile di comunicazione utilizzato da una persona per esprimere i propri pensieri, sentimenti, bisogni e desideri in modo chiaro, onesto e rispettoso. Come accennato nell'introduzione, si tratta di un'abilità fondamentale per la creazione di relazioni sane e soddisfacenti in ogni ambito della vita: familiare, sociale, lavorativo e romantico.

Questa forma di comunicazione va oltre il semplice atto di parlare o ascoltare, e mira al rispetto reciproco tra chi parla e chi ascolta. Chi si esprime in modo assertivo riconosce l'importanza del proprio diritto ad esprimere i propri sentimenti e bisogni senza negare o ostacolare la libertà altrui. In pratica, ciò significa essere in grado di comunicare le proprie opinioni in maniera diretta ed esaustiva, ma allo stesso tempo preservare e considerare le opinioni e i sentimenti degli altri.

La comunicazione assertiva è un'abilità che coinvolge sia elementi verbali che non verbali. Dal punto di vista verbale, si caratterizza per l'uso di un linguaggio preciso e diretto. Questo include l'espressione schietta dei propri pensieri e necessità e l'utilizzo di affermazioni in prima persona, come "io sento" o "io penso". Queste tecniche verbali aiutano a far sentire chiaramente la propria voce, promuovendo la comprensione reciproca e facilitando interazioni più significative.

Dal punto di vista non verbale, la comunicazione assertiva si riflette in una serie di comportamenti fisici che trasmettono sicurezza e rispetto. Questo include mantenere un contatto visivo stabile, che può dimostrare sincerità e interesse; adottare una postura eretta, che può esprimere fiducia e rispetto; utilizzare in modo appropriato lo spazio personale, rispettando quello altrui e richiedendo rispetto per il proprio; e infine, utilizzare un tono di voce calmo e sicuro, che può contribuire a mantenere un ambiente di conversazione rilassato e aperto.

Sia gli aspetti verbali che non verbali della comunicazione assertiva sono essenziali per garantire che il messaggio desiderato venga ricevuto e interpretato in modo accurato. Essi lavorano insieme per creare un quadro di comunicazione efficace e rispettoso, che consente a entrambe le parti di sentirsi ascoltate, capite e apprezzate. Inoltre, questi elementi possono aiutare a prevenire malintesi, a mitigare conflitti e a costruire relazioni più forti e salutari.

Contrariamente a quanto alcuni potrebbero pensare, la comunicazione assertiva non equivale all'essere aggressivi o dominanti. Infatti, mentre la comunicazione aggressiva viola i diritti degli altri per affermare i propri, la comunicazione assertiva valorizza i diritti di tutti gli individui coinvolti nella conversazione. Allo stesso modo, la comunicazione assertiva è distinta dalla comunicazione passiva, in cui una persona sopprime i propri sentimenti o bisogni per evitare conflitti. Chi comunica in modo assertivo riconosce che il conflitto è una parte inevitabile delle relazioni umane e cerca di gestirlo in modo costruttivo e rispettoso.

La comunicazione assertiva richiede pratica e può essere particolarmente difficile in situazioni cariche di emozioni o conflitti. Tuttavia, i benefici di questo stile di comunicazione sono immensi. La comunicazione assertiva può migliorare la qualità delle relazioni, aumentare la propria autostima, ridurre lo stress e promuovere una migliore comprensione reciproca.

In ultima analisi, la comunicazione assertiva non è solo una competenza, ma un atteggiamento. È un impegno verso l'autenticità, il rispetto e l'empatia. È un riconoscimento del valore di ogni individuo e del diritto di ogni persona di essere ascoltata e rispettata. È una scelta di vivere in un modo che promuove la comprensione, la connessione e la crescita. È, in altre parole, un modo di essere nel mondo che arricchisce la vita non solo del singolo individuo, ma anche di coloro con cui interagisce.

Assertività, Passività e Aggressività: Tre Facce della Stessa Medaglia

Nel panorama della comunicazione interpersonale, ci sono principalmente tre stili di comunicazione riconosciuti: passivo, aggressivo e assertivo. Ognuno di questi stili riflette un diverso modo di esprimersi, ed ha un impatto diverso sulle relazioni e sul benessere personale. Analizziamo insieme le caratteristiche di ogni stile di comunicazione per comprendere al meglio gli aspetti da attenzionare per raggiungere il risultato desiderato.

La comunicazione passiva è uno stile di interazione che coinvolge l'omissione o la sottovalutazione delle proprie emozioni, dei propri bisogni e delle proprie opinioni. Chi comunica in modo passivo tende a mettere da parte i propri interessi, a volte a proprio discapito, per evitare conflitti o per cercare l'approvazione altrui. Questo modo di agire può scaturire da una serie di fattori come la paura del rifiuto o del giudizio, una scarsa autostima, o un forte desiderio di mantenere la pace o l'armonia nelle relazioni personali o professionali.

Tuttavia, se da un lato la comunicazione passiva può sembrare un modo per evitare disaccordi immediati, dall'altro, può avere effetti a lungo termine deleteri. Questo perché la soppressione delle proprie emozioni e dei propri bisogni può portare a una serie di problemi, tra cui risentimenti non espressi e relazioni insoddisfacenti. La persona può iniziare a sentire come se fosse costantemente ignorata o trascurata, alimentando così una bassa autostima e un senso di insoddisfazione generale.

Inoltre, questo stile di comunicazione può anche creare confusione o frustrazione tra gli interlocutori. Senza chiare indicazioni sulle emozioni o sui bisogni della persona, gli ascoltatori potrebbero avere difficoltà a capire cosa ci si aspetta da loro o come potrebbero contribuire a risolvere eventuali problemi. Questa mancanza di chiarezza può portare a malintesi, tensioni non necessarie e alla rottura della comunicazione.

Da questo si evince che, pur essendo passiva, questa forma di comunicazione non è priva di conseguenze. Infatti, può avere un impatto significativo non solo sulla persona che la utilizza, ma anche su coloro con cui interagisce.

Al contrario La comunicazione aggressiva è uno stile di comunicazione che si manifesta quando una persona esprime i propri sentimenti, bisogni o opinioni in un modo che può violare o ignorare i diritti degli altri. Chi adotta questo tipo di comportamento tende a mettere in primo piano i propri interessi a discapito di quelli altrui, imponendo le proprie idee e non considerando il rispetto reciproco.

Questo stile di comunicazione può scaturire da vari fattori. Potrebbe derivare da un profondo senso di diritto o da un'alta autostima che sfocia in egocentrismo. In alcuni casi, la persona potrebbe sentire un bisogno incessante di controllo o di dominio sugli altri, che può essere alimentato da insicurezze o da un senso di insufficienza. Allo stesso modo, la mancanza di empatia o la mancanza di consapevolezza delle proprie emozioni e di quelle altrui possono contribuire a un comportamento aggressivo.

Chiaramente, la comunicazione aggressiva presenta molti svantaggi. Prima di tutto, può danneggiare in maniera irreparabile le relazioni personali e professionali, poiché gli ascoltatori potrebbero sentirsi attaccati, umiliati o sminuiti. Questa tensione può portare a conflitti aperti, a un clima di lavoro ostile o alla perdita di amicizie.

L'alienazione che ne risulta può a sua volta alimentare sentimenti di solitudine e isolamento.

Inoltre, l'aggressività nelle interazioni può, paradossalmente, portare a una bassa autostima. La persona potrebbe iniziare a percepire di non essere in grado di rapportarsi con gli altri in modo rispettoso e gratificante, portando a dubbi sul proprio valore o sulle proprie capacità. Per questa ragione, sviluppare uno stile di comunicazione più assertivo e rispettoso può essere un passo fondamentale verso la costruzione di relazioni più positive e soddisfacenti, e verso una maggiore consapevolezza di sé.

Tutti questi svantaggi non sono presenti nella comunicazione assertiva che permette ad una persona di esprimere le proprie opinioni in maniera sana e trasparente. D'altronde, questo stile di comunicazione deriva spesso da un senso di autostima, da un esistente rispetto per gli altri e da un desiderio di creare relazioni autentiche e soddisfacenti. Esso può anche favorire una maggiore comprensione e una connessione più genuina con gli altri.

Già da questa breve analisi è possibile intuire che, mentre la comunicazione passiva e aggressiva può portare a conflitti, malintesi e insoddisfazione, la comunicazione assertiva offre un modo più produttivo e rispettoso di esprimersi che, se utilizzato con coscienza, rappresenta uno strumento essenziale per una vita migliore.

Gli Ingredienti Fondamentali della Comunicazione Assertiva

La comunicazione assertiva è una competenza vitale che può migliorare la qualità delle nostre interazioni sia a livello personale che professionale.

Per padroneggiare questo stile di comunicazione, è utile capire i suoi principali elementi.

Il primo elemento è l'*autoconsapevolezza*. La comunicazione assertiva inizia con la comprensione dei propri sentimenti, bisogni e desideri. Ciò richiede un'attenta introspezione e l'abilità di riconoscere e nominare le proprie emozioni. Questa autoconsapevolezza è il fondamento che ci permette di esprimere in modo autentico e appropriato ciò che proviamo e desideriamo.

Comprendere le proprie emozioni non significa solo essere consapevoli del fatto che si sta provando un'emozione, ma anche riconoscere le sfumature tra diverse emozioni simili. Ad esempio, riconoscere la differenza tra sentirsi frustrati o arrabbiati, o tra la delusione e la tristezza. Ogni emozione ha la sua specificità e richiede un modo diverso di essere gestita e comunicata.

Inoltre, l'autoconsapevolezza comporta la comprensione dei nostri valori fondamentali e delle nostre convinzioni. Ciò che crediamo e apprezziamo nella vita ha un impatto diretto su ciò che desideriamo e su come ci sentiamo di fronte a varie situazioni. Quando conosciamo i nostri valori, siamo in grado di prendere decisioni e comunicare in modo coerente con questi.

Infine, l'autoconsapevolezza implica anche la consapevolezza delle proprie forze e delle proprie aree di miglioramento. Tutti abbiamo dei punti di forza che possiamo utilizzare per migliorare le nostre interazioni e raggiungere i nostri obiettivi, così come delle aree in cui potremmo aver bisogno di crescere e imparare. Essere consapevoli di questi aspetti ci permette di essere più autentici, assertivi ed efficaci nelle nostre comunicazioni.

Il secondo elemento è l'*espressione diretta dei propri sentimenti e bisogni*. Invece di aspettare che gli altri indovinino cosa pensiamo o sentiamo, la comunicazione assertiva richiede che siamo proattivi nel condividere le nostre emozioni e richieste. Questo non solo riduce le possibilità di malintesi, ma mostra anche rispetto per gli altri fornendo loro informazioni chiare su come possiamo interagire in modo più efficace.

Come espressione diretta, non si intende un discorso impulsivo o privo di filtri. Anzi, questo tipo di comunicazione richiede una riflessione attenta sulla propria esperienza emotiva e sulle conseguenze potenziali della nostra comunicazione. È importante saper formulare le nostre esigenze in modo da non incolpare, criticare o manipolare gli altri, ma piuttosto da comunicare con chiarezza e rispetto ciò che stiamo provando e ciò di cui abbiamo bisogno. Questa forma di espressione diretta crea un ambiente di trasparenza e apertura che incoraggia l'interazione sincera e onesta. Promuove l'empatia reciproca, in quanto consente alle persone di capire meglio l'esperienza emotiva altrui. Ciò può aiutare a costruire relazioni più forti e più autentiche, basate su un'interazione genuina.

Inoltre, l'espressione diretta può avere un effetto positivo sulla nostra autostima. Quando siamo in grado di esprimere apertamente i nostri sentimenti e i nostri bisogni, dimostriamo a noi stessi e agli altri che i nostri sentimenti e i nostri bisogni sono validi e meritano attenzione. Questo può rafforzare la nostra fiducia nella nostra autoefficacia e nel nostro valore come individui.

Il terzo elemento è il *rispetto reciproco*. Nella comunicazione assertiva non ci si concentra esclusivamente sui propri sentimenti e bisogni, ma anche sull'ascolto ed il rispetto di quelli altrui. È necessario, quindi, ascoltare attivamente quando gli altri parlano, mostrare empatia, e cercare soluzioni che siano reciprocamente vantaggiose.

Rispetto reciproco significa accettare che il diritto degli altri ad esprimere i propri pensieri valga tanto quanto il nostro. Si tratta, perciò, del lavorare insieme al fine di trovare un punto di accordo, piuttosto che stabilire dei ruoli di sottomissione o dominanza tra le diverse parte. Ciò può richiedere l'apprendimento di competenze di negoziazione e la possibilità di trovare un compromesso o di accettare quando non si può raggiungere un accordo completo. Tuttavia, e sempre necessaria la capacità di tollerare e gestire i disaccordi in modo costruttivo. Invece di evitare il conflitto o reagire in modo difensivo o aggressivo, la comunicazione assertiva ci incoraggia a vedere i disaccordi come opportunità per apprendere, crescere e approfondire le nostre relazioni

Inoltre, il rispetto reciproco contribuisce anche a creare un ambiente di sicurezza emotiva, in cui le persone si sentono libere di esprimersi senza timore di essere criticati, rifiutati o puniti. Questo può aiutare a costruire relazioni più autentiche, soddisfacenti e durature. Tale rispetto è anche fondamentale per mantenere la propria dignità e auto-stima. Quando si rispettano i diritti e i bisogni degli altri, si afferma anche il valore dei propri. Questo rafforza il senso personale di amor proprio, oltre che la convinzione che le proprie opinioni, sentimenti e desideri sono importanti e meritevoli di rispetto.

Il quarto pilastro è *l'adozione del linguaggio "io"*. Questo strumento potente di comunicazione assertiva permette di esprimere sentimenti o bisogni basandosi sulle proprie esperienze, piuttosto che attribuirli ad azioni altrui. Ad esempio, invece di dire "tu mi fai sentire...", si potrebbe dire "mi sento... quando...". Questo approccio tende a ridurre la reazione difensiva dell'ascoltatore e favorisce una più profonda comprensione reciproca.

Implementare questo tipo di linguaggio richiede una solida consapevolezza del proprio essere, oltre alla capacità di articolare le proprie esperienze interne. Questa pratica potrebbe richiedere una certa vulnerabilità, dato che condividere i propri sentimenti può sembrare rischioso. Tuttavia, è questa onestà e autenticità che può portare a un legame più stretto e a una maggiore spontaneità nelle relazioni.

Dato che l'uso delle affermazioni "io" è anche un modo per prendere la responsabilità dei propri sentimenti e bisogni, esso diventa un aspetto chiave della comunicazione assertiva in quanto incoraggia un senso di indipendenza e autocontrollo. Quando si è in grado di riconoscere e comunicare le proprie emozioni, si è meglio equipaggiati per prendersene cura in modo proattivo. Questo può aiutare ad instaurare un ambiente di comunicazione più rispettoso e collaborativo. Esprimendo i propri sentimenti e bisogni da un punto di vista personale, anziché come critiche o richieste rivolte agli altri, si invita l'interlocutore a rispondere con empatia e comprensione, evitando di innescare reazioni difensive o di resistenza.

Infine, l'utilizzo di espressioni "io" può favorire una maggiore consapevolezza delle diverse prospettive ed esperienze nelle relazioni. Accettando che i nostri sentimenti siano il risultato delle nostre interpretazioni e reazioni personali, anziché "verità" oggettive, si promuove una maggiore empatia, curiosità e apprendimento reciproco.

Il quinto elemento fondamentale per una comunicazione assertiva riguarda la *gestione del conflitto*. Nel corso della vita, specialmente quando si è coinvolti in relazioni significative, è inevitabile imbattersi in conflitti . Tuttavia, è essenziale non considerare questi conflitti come barriere insuperabili, ma piuttosto come opportunità di crescita e sviluppo personale. La comunicazione assertiva ci fornisce gli strumenti necessari per gestire tali conflitti in modo costruttivo, trasformando le differenze in forze motrici per migliorare e rafforzare le relazioni.

L'ascolto attivo è un elemento chiave in questa gestione. Ascoltare attivamente non significa solo udire le parole che l'altro sta dicendo, ma anche percepirne i sentimenti e i bisogni sottostanti, cercando di comprendere il suo punto di vista. Ciò richiede l'apertura mentale e la volontà di mettersi nei panni dell'altro, senza giudizio o pregiudizio.

La ricerca di compromessi rappresenta un ulteriore aspetto essenziale nella gestione del conflitto.

Questo non significa rinunciare ai propri bisogni o cedere, ma trovare soluzioni che siano reciprocamente soddisfacenti. È un processo di negoziazione, dove entrambe le parti devono essere disposte a fare delle concessioni.

Infine, mantenere un atteggiamento di rispetto e apertura è fondamentale, indipendentemente dal livello di disaccordo o di tensione. Si tratta di onorare la dignità dell'altro, di mostrare empatia e di rimanere aperti alla possibilità di apprendimento e di cambiamento. Questa apertura e rispetto possono aiutare a prevenire l'escalation del conflitto e a promuovere un dialogo costruttivo.

Il sesto elemento cardine della comunicazione assertiva è la _coerenza tra il linguaggio verbale e quello non verbale._ Ciò che si dice con le parole è indubbiamente importante, ma ciò che si comunica attraverso il corpo può spesso avere un impatto ancor maggiore. Le parole possono essere potenti, ma è il linguaggio del corpo a conferire loro quella forza. Esso può agire come un amplificatore, rafforzando il messaggio verbale, o come un antagonista, indebolendo o addirittura annullando l'impatto delle parole

I Benefici Diffusi dell'Assertività

La comunicazione assertiva, con la sua enfasi sulla chiarezza e rispetto reciproco, offre numerosi benefici che possono arricchire vari aspetti della vita. Come accennato in precedenza, non è solo un modo di parlare o di interagire con gli altri, ma è un modo di vivere che pone l'autenticità, il rispetto e l'empatia al centro delle nostre interazioni. I benefici che può portare sono tanto profondi quanto diffusi, influenzando positivamente la nostra autostima, le relazioni, la carriera, il benessere fisico ed emotivo e la nostra abilità di essere cittadini attivi.

In termini di benessere mentale ed emotivo personale, la comunicazione assertiva può migliorare l'autostima. Quando esprimiamo apertamente i nostri sentimenti e bisogni e affermiamo i nostri diritti in modo rispettoso, rafforziamo la nostra fiducia nelle nostre abilità e nel nostro valore. Nella stessa maniera, la comunicazione assertiva può aiutare a gestire lo stress e a prevenire o risolvere i conflitti. Invece di sopprimere i nostri sentimenti o di reagire in modo aggressivo, possiamo esprimere le nostre emozioni in modo sano e costruttivo. Questo può portare a un migliore equilibrio emotivo e a una maggiore resilienza psicologica.

Nelle relazioni interpersonali, sia che si tratti di amicizie, relazioni romantiche o legami familiari, la comunicazione assertiva può creare un maggiore senso di intimità e fiducia. Quando esprimiamo i nostri pensieri e sentimenti in modo autentico e rispettoso, e ascoltiamo con attenzione e considerazione le espressioni degli altri, costruiamo una connessione più profonda. Questo può portare a relazioni più soddisfacenti e gratificanti.

Nel contesto professionale, la comunicazione assertiva può favorire un ambiente di lavoro più positivo e produttivo. Esprimendo chiaramente le aspettative, fornendo feedback costruttivi e risolvendo i conflitti in modo rispettoso, possiamo contribuire a creare un clima di rispetto e cooperazione. Questo, oltre a sollevare il morale del team, può anche portare a una maggiore produttività ed a una migliore qualità del lavoro.

Infine, essa può migliorare la nostra efficacia come cittadini attivi. Che si tratti di esprimere le nostre opinioni in un dibattito, di difendere i nostri diritti in un contesto legale, o di partecipare a un'azione di protesta, la capacità di comunicare in modo chiaro, rispettoso e convincente può renderci più influenti ed efficaci.

Il Peso dell'Equilibrio: Diritti Personali e Altrui

Nel contesto della comunicazione assertiva, l'equilibrio tra i propri diritti e quelli degli altri è una componente chiave. Questa competenza implica non solo l'abilità di esprimere i propri pensieri, sentimenti e bisogni in modo chiaro e rispettoso, ma anche il rispetto e la considerazione dei diritti e delle esigenze degli altri.

Esprimere i propri diritti è un atto di autostima dal momento che prevede il riconoscimento del proprio valore come individuo e l'affermazione dell'importanza delle proprie opinioni, sentimenti e bisogni. Essere rispettosi significa anche agire in modo coerente con questi principi, esprimendo apertamente e autenticamente se stessi, difendendo i propri diritti quando vengono violati e cercando di soddisfare i propri bisogni in modo costruttivo.

Tuttavia, una corretta comunicazione assertiva prevede un giusto equilibrio tra l'affermazione dei propri diritti ed il rispetto di quelli altrui: se il rispetto per i propri diritti diventa la sola guida del nostro comportamento, rischiamo di cadere in una comunicazione aggressiva e di creare situazioni sconvenienti e conflittuali. Infatti, l'importanza di considerare i diritti degli altri è fondamentale per mantenere relazioni reciprocamente rispettose e gratificanti. Questo significa ascoltare attentamente quando gli altri parlano, mostrare empatia per i loro sentimenti e bisogni, e cercare di trovare soluzioni ai problemi che tengano conto degli interessi di entrambe le parti.

Al contempo, se dare priorità ai diritti degli altri diventa la sola guida del nostro comportamento, rischiamo di cadere in una comunicazione passiva. Anche in questo caso, le interazioni potrebbero essere spiacevoli, osservando come una delle parti coinvolte eviti di esprimersi liberamente e di difendere i propri diritti ad una comunicazione equa.

Ecco perché l'equilibrio è così importante. Questo stile di comunicazione consente di affrontare i problemi e i conflitti in modo costruttivo, di costruire relazioni interpersonali basate sulla fiducia e sul rispetto reciproco, e di vivere una vita che rispecchi i propri valori e rispetti quelli degli altri.

Capitolo 2: Autoconsapevolezza: Il Faro in una Nebbia di Emozioni

Decodificare l'Autoconsapevolezza

L'autoconsapevolezza, fulcro della psicologia e dello sviluppo personale, rivela la capacità di analizzare e comprendere sentimenti interiori, comportamenti e reazioni alle diverse situazioni. Tale introspezione rivela esperienze interiori su piani emotivi e mentali, creando un nucleo attorno a cui girano percezioni e interazioni.

Un esempio tipico riguarda la comprensione di pensieri in un momento specifico o delle reazioni emotive a eventi particolari o persone. Ciò significa riconoscere le proprie reazioni a determinati contesti e stabilire punti di forza e vulnerabilità. Un'ulteriore profondità può essere raggiunta attraverso la consapevolezza dei valori personali, aspirazioni, schemi comportamentali e processi decisionali.

Tale consapevolezza svolge un ruolo fondamentale nella crescita e nello sviluppo individuale. Prima di poter modificare o migliorare aspetti di sé o del proprio stile di vita, è necessario riconoscere ciò che già esiste. Senza una piena comprensione di pensieri, sentimenti o comportamenti, diventa arduo apportare modifiche o regolazioni efficaci. In assenza di tale consapevolezza, si rischia di vivere in modo automatico o reattivo, senza piena comprensione o controllo delle proprie azioni.

Questo fattore è di vitale importanza nella comunicazione assertiva. Per comunicare in modo efficace e autentico, è necessario riconoscere e saper esprimere sentimenti e bisogni in modo chiaro e rispettoso. L'autoconsapevolezza permette di identificare quando e perché potrebbero emergere sentimenti di frustrazione, rabbia, gioia, tristezza, ecc., e fornisce gli strumenti per esprimere queste emozioni in modo costruttivo. Infine, essa può contribuire a migliorare la comprensione degli altri. Essere consapevoli delle proprie reazioni emotive rende più preparati a comprendere le emozioni e le reazioni altrui, favorendo l'empatia, la comprensione reciproca e il legame nelle relazioni interpersonali.

Rafforzare l'autoconsapevolezza è un processo che richiede tempo ed impegno. Può implicare tecniche come meditazione, terapia, riflessione giornaliera, scrittura di un diario, richiesta di feedback e apprendimento dalle esperienze. Ciascuna di queste tecniche potrebbe facilitare questo percorso di crescita tramite un approccio unico che contribuisce a una maggiore comprensione di sé.

La *meditazione*, ad esempio, è una pratica millenaria che aiuta a calmare la mente e a focalizzarsi sul presente. La meditazione consente di osservare i propri pensieri e sentimenti senza giudizio, creando un'opportunità per una maggiore consapevolezza dei processi interni. Questo silenzioso osservatore interno può poi essere utilizzato nella vita quotidiana per riconoscere gli schemi emotivi e comportamentali.

La *terapia con un professionista qualificato* può essere un altro strumento utile. Un terapeuta può guidare l'individuo nella riflessione sulle esperienze personali, aiutandolo a capire come le esperienze passate possano influenzare il presente. Inoltre, può offrire strumenti e tecniche utili per migliorare l'autoconsapevolezza e gestire le reazioni emotive.

La *riflessione giornaliera*, magari attraverso la scrittura di un diario, può aiutare a sviluppare la consapevolezza dei propri sentimenti, pensieri e comportamenti nel tempo. La scrittura consente di esprimere liberamente emozioni e pensieri, fornendo un modo per esplorare e riconoscere le proprie esperienze interiori.

Richiedere feedback da parte di altre persone, che si tratti di colleghi, amici o familiari, può offrire un prezioso contributo esterno. Dall'esterno è spesso possibile notare aspetti di noi che potrebbero non essere immediatamente evidenti; per questo motivo, un input esterno potrebbe evidenziare aree del nostro comportamento che trarrebbero beneficio da una maggiore consapevolezza.

In ultimo, *l'apprendimento dalle esperienze di vita* può rivelarsi essere uno degli strumenti più potenti. Ogni situazione, positiva o negativa, offre l'opportunità di imparare qualcosa su sé stessi. Riflettere su queste esperienze e cercare di capire cosa rivelano su di sé può aiutare a sviluppare una più profonda autoconsapevolezza.

Il Ruolo dell'Autoriflessione nell'Interpretare le Emozioni

L'autoriflessione è un potente strumento di autoconsapevolezza che permette di esplorare e comprendere più a fondo le proprie emozioni. Questa pratica va oltre la semplice consapevolezza di cosa si sta provando in un preciso momento; essa, infatti, ci invita a scavare più a fondo per capire il motivo per il quale si stanno provando tali emozioni e come esse abbiano il potere di influenzare il nostro comportamento e le nostre relazioni.

Comprendere le proprie emozioni attraverso l'autoriflessione inizia con l'identificazione di ciò che si sente. Questo potrebbe significare dare un nome alle proprie emozioni, riconoscere quando ci si sente felici, tristi, arrabbiati, spaventati, ecc. Questa consapevolezza di base offre un punto di partenza per esplorare i propri sentimenti più nel dettaglio.

Una volta identificate le emozioni, diventa possibile iniziare a riflettere sulle loro origini. A questo punto, potrebbero insorgere quesiti come: da cosa sono scatenate queste emozioni? C'è un evento specifico o una situazione che le ha causate? Oppure sono legate a qualcosa di più profondo o di più complesso, come una vecchia ferita emotiva o una paura irrazionale?

Questo processo di esplorazione profonda può gettare luce su schemi ricorrenti nel panorama emotivo personale. Potrebbe emergere, ad esempio, una tendenza a sentirsi ansiosi di fronte a determinate situazioni, come un compito difficile o un confronto imminente. Oppure, si potrebbe notare una nota di rabbia quando si ha la sensazione di essere trattati in modo ingiusto o irrispettoso. Questi schemi non sono semplici casualità, ma segnali che rivelano bisogni emotivi non soddisfatti o aspettative non realizzate. La consapevolezza di tali schemi permette di identificare quei punti di vulnerabilità che necessitano di attenzione e cura, e di trovare modalità più costruttive per gestire queste situazioni.

L'autoriflessione è fondamentale anche per comprendere l'impatto delle emozioni sui comportamenti quotidiani. Le emozioni non sono fenomeni isolati o meri sfoghi interiori, ma influenze potentissime che possono indirizzare le decisioni e le azioni. Ad esempio, potrebbe emergere che la paura di essere minacciati o feriti porti a reazioni difensive o all'isolamento in situazioni sociali. Oppure, potrebbe essere evidente che la felicità e il senso di sicurezza promuovano comportamenti più aperti, accoglienti e affettuosi nei confronti degli altri.

Con il tempo, l'autoriflessione può aiutare a svelare come certe emozioni si manifestano in determinati comportamenti. Può far capire che la rabbia può portare a reazioni impulsive, o che l'ansia può causare l'evitamento di certe situazioni. D'altra parte, può mostrare come emozioni positive come la gioia e l'entusiasmo possano spingere ad intraprendere nuove avventure o a creare connessioni più profonde con gli altri.

Questo processo di scoperta e comprensione dei legami tra emozioni e comportamenti è essenziale per promuovere cambiamenti positivi. Permette di riconoscere i trigger emotivi e di sviluppare strategie più efficaci per gestire le emozioni difficili. Allo stesso modo, esso consente di nutrire e amplificare le emozioni positive per arricchire la propria vita e le relazioni interpersonali. Attraverso questa continua esplorazione, è possibile muoversi verso una maggiore consapevolezza di sé e verso un'esperienza di vita più autentica e gratificante.

Infine, comprendere le proprie emozioni attraverso l'autoriflessione è fondamentale per la comunicazione assertiva. Una volta comprese le proprie emozioni, sarà possibile esprimerle chiaramente: invece di reprimerle o di esplodere in maniera incontrollata, i nostri sentimenti potranno essere comunicati in modo rispettoso e costruttivo, facilitando la comprensione reciproca e il problem-solving nelle nostre relazioni.

Strumenti e Tattiche per una Gestione Emotiva Efficace

Gestire le proprie emozioni in modo sano ed efficace è una competenza fondamentale per la nostra salute mentale e per la qualità delle nostre relazioni. Fortunatamente, ci sono molti strumenti e tecniche che possono aiutare in questo compito.

La pratica dell'osservazione senza giudizio rappresenta un pilastro nell'educazione alla consapevolezza di sé. Consiste nel riconoscere e accettare le proprie emozioni, liberandosi dall'impulso di sopprimerle o etichettarle. Le emozioni sono risposte naturali a ciò che si vive, non sono intrinsecamente buone o cattive, giuste o sbagliate. Accoglierle con apertura e accettazione permette di attraversare l'esperienza emotiva senza essere sopraffatti o travolti.

Questo tipo di osservazione consapevole implica un distacco rispetto ai contenuti emotivi, quasi come se si stesse osservando il fluire delle emozioni da una riva sicura. Questa posizione di osservatore permette di riconoscere e accogliere le emozioni senza identificarsi completamente in esse. In questo modo, si evita di essere trascinati dalla corrente emotiva e si mantiene un punto di vista più obiettivo e bilanciato.

Inoltre, questa pratica favorisce un rapporto più sano e maturo con il mondo interiore. Invece di reagire automaticamente o di lottare contro le emozioni indesiderate, si può scegliere di accoglierle e ascoltarle, riconoscendo il messaggio o la funzione che svolgono. Ad esempio, l'ansia può segnalare una possibile minaccia o un bisogno di preparazione, mentre la tristezza può indicare una perdita o un bisogno insoddisfatto.

Un altro aspetto importante dell'osservazione senza giudizio è l'auto-compassione. Significa trattare se stessi con gentilezza, comprensione e accettazione, soprattutto in momenti di difficoltà o sofferenza. L'auto-compassione aiuta a lenire il dolore emotivo e a rafforzare la resilienza, permettendo di affrontare le sfide della vita con maggiore serenità e forza.

Un'altra tecnica utile è la regolazione emotiva che si riferisce alla nostra abilità di influenzare l'intensità, la durata e l'espressione delle emozioni personali. Questo processo può essere facilitato attraverso vari metodi, tra cui tecniche di rilassamento, riorientamento dell'attenzione e ristrutturazione cognitiva.

Le tecniche di rilassamento, come la respirazione profonda, la meditazione e lo yoga, si concentrano su elementi corporei per apportare un senso di calma e ridurre l'intensità delle emozioni potenti. Quando immergiamo noi stessi in queste pratiche, il nostro sistema nervoso si calma, la nostra frequenza cardiaca rallenta e la nostra mente può distaccarsi dal tumulto emotivo, offrendoci la possibilità di esaminare le emozioni con maggiore obiettività.

Nel frattempo, il riorientamento dell'attenzione serve come una tattica di distrazione per allontanarci da pensieri o emozioni negative. Se siamo preoccupati per un problema al lavoro, potremmo decidere di fare una passeggiata o immergerci in un libro per dare alla nostra mente una pausa da quella preoccupazione.

La ristrutturazione cognitiva, d'altra parte, riguarda la riformulazione del nostro quadro di pensiero per modificare le emozioni che ne derivano. Ad esempio, se un progetto che stiamo guidando ha riscontrato degli intoppi, potremmo vedere questo come un fallimento personale. Tuttavia, attraverso la ristrutturazione cognitiva, potremmo reinterpretare l'evento come un'opportunità per l'apprendimento e la crescita personale, trasformando così la nostra delusione in determinazione.

Le tecniche di espressione emotiva rappresentano un altro tassello fondamentale per una gestione efficace delle emozioni. Queste tecniche puntano a canalizzare le emozioni, anche quelle più forti o destabilizzanti, in attività e azioni che ne favoriscono l'espressione in maniera salutare e costruttiva.

Una delle più comuni e dirette tecniche di espressione emotiva è la conversazione con una persona di fiducia. Il dialogo consente di verbalizzare le proprie emozioni, di dare loro un nome, aiutandoci a comprendere meglio i nostri sentimenti. Le persone di fiducia, a loro volta, possono fornire consigli preziosi, conforto e prospettive alternative, che possono contribuire a una migliore elaborazione emotiva.

Allo stesso modo, la scrittura in un diario offre un ambiente privato e non giudicante per esplorare e descrivere le proprie emozioni. La trasformazione dei sentimenti in parole scritte può dare una forma tangibile alle nostre emozioni, facilitandone la comprensione e la gestione. Questo metodo può anche favorire l'identificazione di schemi o trigger emotivi ricorrenti.

Infine, l'arte, nelle sue molteplici forme, rappresenta un canale espressivo eccezionale. La pittura, la danza, la scultura, la musica, la poesia e altre forme d'arte permettono di rappresentare le emozioni in modi che vanno oltre il linguaggio verbale, offrendo una modalità espressiva unica e altamente personalizzata. Queste attività, oltre a liberare la tensione emotiva, possono offrire un profondo senso di realizzazione e pace.

Attraverso l'utilizzo di queste tecniche, si possono trasformare le proprie emozioni da forze travolgenti a strumenti di auto-esplorazione e auto-realizzazione, contribuendo a un benessere psicologico più ampio e duraturo.

L'approccio del problem-solving emotivo assume un ruolo primario nell'itinerario verso l'autoconsapevolezza e la gestione personale. Qualora un'emozione persista o si intensifichi, non rappresenta soltanto una transizione emotiva, ma diventa un indicatore che qualcosa nel contesto vitale necessita di attenzione e, potenzialmente, di cambiamenti. Questa consapevolezza permette di vedere l'emozione non come un avversario da sopprimere, ma come un alleato che fornisce informazioni fondamentali sul benessere interiore.

Se il problema o la sfida da risolvere si presentano chiari, l'elaborazione di un piano di azione potrebbe essere il passo successivo. Ciò può comportare la definizione di obiettivi specifici, l'identificazione delle risorse e dei supporti disponibili, e la determinazione di passaggi concreti per raggiungere tali traguardi. La risoluzione attiva dei problemi non solo può alleviare l'emozione negativa, ma può anche rafforzare il senso di competenza e autostima.

Per alcuni individui, l'adattamento dello stile di vita può rappresentare la scelta preferita. Questo può implicare cambiamenti nella routine quotidiana, come migliorare i ritmi del sonno, integrare un'attività fisica, modificare l'alimentazione o creare momenti per attività piacevoli e rilassanti. Tali cambiamenti possono incidere in modo significativo sulla salute emotiva generale. Infatti, il mantenimento di una buona salute fisica è essenziale per la gestione delle emozioni.

In aggiunta, la ricerca del supporto di un professionista, come uno psicologo o un consulente, può rivelarsi estremamente utile. Un professionista può fornire strumenti e strategie personalizzate, nonché un ambiente sicuro e di sostegno per l'esplorazione delle problematiche emotive più complesse. Questa risorsa può risultare particolarmente preziosa quando le emozioni diventano schiaccianti o quando le tecniche di autogestione si dimostrano non sufficientemente efficaci.

Il Punto d'Incontro tra Emozioni e Assertività

A questo punto, con una conoscenza base dell'importanza delle emozioni, è possibile comprendere il loro ruolo cruciale nella comunicazione assertiva ed in tutti i campi della vita. Pertanto, bisogna imparare a riconoscerle senza reprimerle o lasciare che abbiano la meglio sulla ragione. Solo comprendendo le emozioni sarà possibile comunicarle in modo efficace e autentico, migliorando la qualità delle interazioni interpersonali.

Osservandole nel dettaglio, le emozioni fungono da veri e propri messaggeri, fornendo informazioni preziose sulle esigenze e i desideri degli individui. L'ascolto attento di emozioni come rabbia, tristezza, paura, unitamente alla loro corretta interpretazione, consente l'identificazione di ciò che risulta importante per una persona, oltre che delle informazioni che necessitano di essere comunicate a terzi.

Inoltre, le emozioni aggiungono un livello di profondità alla comunicazione. Le parole possono trasmettere informazioni, tuttavia, le emozioni esprimono lo stato d'animo, i valori e l'umanità di una persona. Allorquando le emozioni vengono espresse in maniera autentica, si instaurano legami più profondi e significativi con gli interlocutori.

Tuttavia, le emozioni devono essere gestite in modo efficace per facilitare la comunicazione assertiva. Se le emozioni sono troppo intense o fuori controllo, possono offuscare il messaggio che si vorrebbe trasmettere, portando a conflitti o fraintendimenti. Allo stesso modo, se queste emozioni vengono represse o ignorate, si potrebbe non essere in grado di esprimere a pieno le proprie necessita ed i propri desideri portando ad un'insoddisfazione persistente. Ecco perché una corretta gestione delle emozioni, tramite l'autoconsapevolezza, la regolazione emotiva e l'espressione emotiva sana, diventa fondamentale per la comunicazione assertiva.

Ad esempio, se si è arrabbiati con un collega per non aver rispettato una scadenza, si potrebbe sentire l'impulso di urlare o di chiudersi in se stessi. Ma con le competenze di gestione delle emozioni, è possibile riconoscere la rabbia, accettarla attraverso la respirazione profonda per poi esprimere le proprie esigenze in modo assertivo con frasi simili alla seguente: "Sono arrabbiato perché il progetto è in ritardo. Ho bisogno che rispetti le scadenze in futuro".

Per poter attuare questo approccio, è indispensabile aver un buon controllo emotivo. Il controllo emotivo è la capacità di gestire e rispondere alle proprie emozioni in modo da facilitare una comunicazione efficace e costruire relazioni positive. Possedere questa competenza è fondamentale per navigare con successo le interazioni sociali. Questo non significa sopprimere o ignorare le proprie emozioni, ma piuttosto riconoscerle, comprenderle e gestirle in modo appropriato.

Innanzitutto, gestire le emozioni con efficacia aiuta a prevenire risposte eccessive o inappropriate che potrebbero danneggiare le relazioni o la reputazione. Ad esempio, una reazione di rabbia eccessiva a un piccolo errore da parte di un collega potrebbe deteriorare la relazione professionale e creare un ambiente di lavoro negativo. Al contrario, la capacità di gestire adeguatamente la rabbia potrebbe consentire di esprimere il disappunto in maniera costruttiva, preservando al contempo un rapporto positivo.

Gestire efficacemente le emozioni risulta essenziale anche per una comunicazione efficace. Le emozioni possono influenzare come si interpretano e si rispondono ai messaggi altrui. Un'eccessiva emotività potrebbe portare a fraintendere le intenzioni altrui, reagire in maniera eccessiva o perdere di vista l'obiettivo della conversazione. Tuttavia, se le emozioni sono ben gestite, si potrebbe essere in grado di ascoltare con maggiore attenzione, rispondere in maniera più riflessiva e conseguire una comunicazione più efficace.

Infine, la gestione efficace delle emozioni ha un impatto positivo sul benessere mentale. Affrontare emozioni intense come rabbia, paura o tristezza può risultare stressante e faticoso. Se queste emozioni sono gestite in maniera efficace, si può ridurre lo stress, aumentare la resilienza e migliorare la salute mentale generale.

In questo modo, le emozioni non sono né ostacoli né trampolini per la comunicazione assertiva, ma strumenti preziosi. Aiutano a comprendere e a esprimere le esigenze individuali, a creare legami con gli altri su un livello più profondo, e a navigare efficacemente le sfide e i conflitti interpersonali.

Capitolo 3: Elevare l'Autostima e la Sicurezza in Se Stessi

Il Legame tra Autostima e Comunicazione Assertiva

Come accennato brevemente in precedenza, l'autostima svolge un ruolo significativo nella comunicazione assertiva. Si tratta di un apprezzamento positivo di sé, una consapevolezza del proprio valore intrinseco e delle proprie abilità. Chi possiede un'alta autostima è più incline ad adottare uno stile di comunicazione assertivo, che promuove l'autoespressione rispettosa e l'efficacia nelle relazioni interpersonali.

L'autostima è la base dalla quale nasce la fiducia in sé stessi, elemento chiave per una comunicazione assertiva. Se ti vedi in modo positivo, sei più propenso a sentirti sicuro di esprimere apertamente i tuoi pensieri, sentimenti ed esigenze. Questo ti permette di affermare i tuoi diritti senza negare quelli degli altri, un principio fondamentale della comunicazione assertiva.

In più`, le persone con un'alta autostima sono in grado di gestire meglio il rifiuto o la critica. Sanno che un disaccordo o un feedback negativo non riduce il loro valore o competenza. Pertanto, riescono a rispondere in modo assertivo, ascoltando il feedback, esprimendo i propri sentimenti e cercando soluzioni costruttive.

L'autostima favorisce anche l'empatia e il rispetto reciproco, aspetti cruciali della comunicazione assertiva. Quando apprezzi te stesso, è più probabile che tu rispetti anche gli altri. Questo atteggiamento ti permette di ascoltare e rispondere agli altri in modo rispettoso, anche quando le opinioni divergono.

Inoltre, l'autostima ti aiuta a stabilire limiti sani. Le persone con una sana autostima comprendono quanto vale il proprio diritto di dire "no" quando necessario. Sono in grado di rifiutare richieste irragionevoli o di proteggere il loro tempo e la loro energia senza sentirsi in colpa. Questo è un elemento fondamentale della comunicazione assertiva.

Infine, l'autostima può influenzare la maniera in cui l'ascoltatore percepisce il tuo comportamento assertivo. Quando ti esprimi con sicurezza e rispetto per te stesso, le altre persone sono più propense a rispettarti e a prendere sul serio i tuoi punti di vista. Questo può portare a relazioni più equilibrate e soddisfacenti.

Sviluppare l'autostima non è un processo che avviene dall'oggi al domani. Richiede tempo e un atteggiamento positivo verso se stessi. Ma quando si intraprende questo percorso, non solo si rafforza la propria comunicazione assertiva, ma al proprio benessere generale e alla qualità delle relazioni.

Autostima e l'Affermazione dei Diritti Personali:
Due Aspetti Complementari

Una volta stabilita la rilevanza dell'autostima, dell'affermazione dei diritti personali, e del rispetto nella comunicazione assertiva, possiamo analizzare come ognuno di questi fattori direttamente o indirettamente influenzi gli altri due. L'autostima e l'affermazione dei propri diritti sono due concetti strettamente correlati. Quando l'autostima permette di riconoscere il proprio valore ed il valore delle proprie capacità, essa conduce naturalmente all'affermazione dei propri diritti. L'affermazione dei propri diritti, a sua volta, rinforza l'autostima. Comprendere questo legame è fondamentale per costruire relazioni sane e soddisfacenti.

Un'alta autostima è il fondamento per l'affermazione dei propri diritti. Se si riconosce il proprio valore, si è più propensi a difendere i propri diritti e bisogni. Ciò prevede che una persona, oltre al condividere le proprie opinioni, sia in grado di rifiutare richieste irragionevoli, stabilire limiti chiari e cercare relazioni equilibrate e rispettose.

L'affermazione dei propri diritti, a sua volta, rinforza l'autostima. Quando si affermano i propri diritti in modo efficace, si rafforza la fiducia in sé stessi e il rispetto per sé stessi. Si sperimenta un senso di empowerment e di competenza, che può portare a un aumento dell'autostima. Inoltre, quando i propri diritti vengono rispettati, si verifica una maggiore soddisfazione e felicità nelle relazioni, che può`, ancora una volta, avere un'influenza positiva sull'autostima.

L'affermazione dei propri diritti può anche aiutare a gestire i conflitti in modo più efficace. Le persone con un'alta autostima tendono a vedere i conflitti non come minacce, ma come opportunità per chiarire i malintesi, esprimere i propri sentimenti e trovare soluzioni reciprocamente soddisfacenti. Questo atteggiamento proattivo e costruttivo può aiutare a mantenere relazioni sane e a prevenire l'accumulo di risentimento o frustrazione.

In sintesi, l'autostima e l'affermazione dei propri diritti sono due facce della stessa medaglia. Entrambe sono essenziali per una comunicazione assertiva efficace e per costruire relazioni sane e soddisfacenti.

Tecniche per Migliorare l'Autostima.

Il percorso verso l'incremento dell'autostima si configura come un viaggio di crescita personale, il quale può culminare in una maggiore fiducia nelle proprie capacità, una comunicazione più assertiva e relazioni interpersonali più sane. Alcuni metodi che possono essere adoperati per consolidare l'autostima sono elencati qui di seguito.

L'*autoconsapevolezza* rappresenta il primo passo fondamentale verso il miglioramento dell'autostima. Coinvolge il riconoscimento dei propri punti di forza e debolezza. Ciò richiede un'analisi attenta di sé stessi, la capacità di accettare le proprie peculiarità e un elevato grado di onestà. Ogni individuo possiede un mix unico di abilità, talenti e qualità. Riconoscere e apprezzare queste caratteristiche può portare a una maggiore autostima.

Il pensiero positivo svolge un ruolo cruciale in questo processo. L'autopercezione è strettamente legata ai pensieri che si hanno di sé. Il pensiero positivo può aiutare a mitigare l'autocritica e accrescere l'autostima. Un metodo per attuare questa pratica riguarda l'auto-dialogo positivo, il quale implica sostituire i pensieri negativi con affermazioni positive e realistiche su di sé.

Un altro elemento chiave per rafforzare l'autostima è *l'obiettivo personale* e la realizzazione di questo. Stabilire e raggiungere obiettivi personali può aiutare a rafforzare l'autostima. Non solo fornisce un senso di successo, ma rafforza anche la fiducia nelle proprie capacità. È fondamentale impostare obiettivi realistici e celebrare anche i piccoli traguardi raggiunti durante il percorso.

L'*autocompassione* rappresenta un'altra tattica di rafforzamento dell'autostima. Trattare se stessi con gentilezza e compassione può contribuire a migliorare l'autostima. Ciò significa accettare gli errori e le imperfezioni come parti integranti del processo di crescita, invece di utilizzarli come pretesti per l'autocritica. L'autocompassione implica anche l'autocura, che può includere l'attività di mantenere una buona salute fisica, dedicarsi ad hobby gratificanti e riposare adeguatamente.

Circondarsi di un ambiente di supporto positivo è un aspetto fondamentale del consolidamento dell'autostima. Le persone che costituiscono l'ambiente circostante possono avere un significativo impatto sull'autostima. Immergersi in un ambiente creato da individui positivi, che offrono sostegno, incoraggiamento e rispetto, può aiutare a rafforzare l'autostima.

La *gestione dello stress*, inoltre, è un elemento essenziale di questo processo. Mantenere uno stile di vita equilibrato e gestire lo stress in modo efficace può promuovere una maggiore autostima. Anche in questo caso, si può trarre beneficio dall'uso di tecniche di rilassamento, come la meditazione, lo yoga o la respirazione profonda che possono contribuire a gestire lo stress e a promuovere un senso di benessere.

Infine, la *terapia e il counseling* possono rappresentare validi strumenti di supporto nel cammino verso l'aumento dell'autostima. In alcuni casi, potrebbe essere utile cercare l'aiuto di un professionista della salute mentale. Un terapeuta o un counselor può fornire strumenti e strategie per affrontare le questioni relative all'autostima e promuovere un'immagine positiva di sé. Questi professionisti possono offrire uno spazio sicuro e non giudicante per esplorare i problemi di autostima e lavorare su strategie per il miglioramento.

Strategie per Vincere l'Incertezza e la Paura di Esprimersi

Superare l'insicurezza e la paura nell'esprimersi rappresenta un passaggio fondamentale verso una comunicazione assertiva e produttiva. Un'espressione sicura e rispettosa dei propri pensieri e sentimenti può contribuire positivamente al benessere emotivo e all'autostima, oltre a migliorare le relazioni interpersonali. Di seguito sono presentate alcune strategie che possono essere impiegate per superare tali ostacoli.

L'adozione di un atteggiamento compassionevole è il primo passo. Accettare che ognuno possa commettere errori può aiutare a ridurre l'ansia legata al timore di sbagliare o di essere giudicati. Quando si impara a essere più compassionevoli con sé stessi e con gli altri, si tende ad essere più disposti a correre rischi, come quello di esprimere sentimenti e idee, sapendo che non ci si infliggerà giudizi duri in caso di insuccesso.

Una pratica costante di *auto-affermazione* può essere un'altra strategia utile. Si può iniziare da situazioni a basso rischio, come esprimere un'opinione su un film o un libro. Man mano che si guadagna sicurezza, si può avanzare verso discussioni più impegnative. Questa pratica continuativa può favorire una maggiore disinvoltura nell'esprimere i propri sentimenti e pensieri.

Un'altra tattica efficace è *l'apprendimento di tecniche per gestire l'ansia.* Ancora una volta, metodi di rilassamento come la respirazione profonda, la meditazione o lo yoga possono contribuire a gestire l'ansia che può sorgere nell'espressione dei propri pensieri e sentimenti. Tali tecniche possono aiutare a calmare la mente e a concentrarsi meglio sul messaggio che si intende comunicare.

Il *rafforzamento dell'autostima* è un'ulteriore strategia utile. Credere nel proprio valore personale può spingere a esprimersi più liberamente. L'autostima può essere migliorata celebrando i propri successi, sia grandi che piccoli, impegnandosi in attività gratificanti che aumentano il senso di competenza, e sfidando i pensieri negativi su sé stessi.

Per alcune persone, può essere benefico _cercare il supporto di un professionista_, come un terapeuta o un coach. Se l'insicurezza o la paura di esprimersi sono radicate in esperienze passate o in credenze profonde su sé stessi, un professionista può fornire un ambiente sicuro e di supporto per esplorare queste questioni.

In più, _l'apprendimento di tecniche di comunicazione efficace_ può contribuire a un miglioramento generale. Acquisire competenze di comunicazione, come l'ascolto attivo, l'utilizzo del linguaggio non verbale, e la gestione dei conflitti, può infondere maggiore sicurezza nell'esprimersi. Queste competenze possono permettere di esprimere i propri pensieri e sentimenti in modo rispettoso e di essere più efficaci nelle interazioni con gli altri.

Ricorda, la paura e l'insicurezza nell'esprimersi non sono superate da un giorno all'altro. Ma con l'impegno e le giuste strategie, è possibile migliorare la propria sicurezza nell'esprimere le proprie idee e sentimenti.

Capitolo 4: Maestria Comunicativa: Tra Chiarezza ed Efficacia

I Componenti di una Comunicazione Trasparente

La comunicazione efficace è una potente leva che possiede la capacità di superare fraintendimenti, evitare conflitti e consolidare relazioni solide e produttive. Quando si considerano i diversi componenti che convergono per formare una comunicazione chiara e assertiva, si può aprire la strada per una comunicazione più efficace.

Per cominciare, il linguaggio utilizzato può fare una grande differenza nel modo in cui viene recepito un messaggio. Una comunicazione che utilizza un linguaggio semplice, chiaro e comprensibile, evitando termini tecnici, parole complesse o frasi intricate, ha molte più possibilità di essere compresa dal destinatario. Il messaggio deve essere diretto e sintetico, il che facilita la comprensione da parte di chi lo riceve. Quando i messaggi sono chiari e facili da comprendere, la probabilità di fraintendimenti diminuisce significativamente.

In secondo luogo, l'accuratezza nel trasmettere idee o informazioni è fondamentale. Questo significa che si dovrebbero fornire dettagli sufficienti per esplicitare il messaggio, fare riferimento a fatti specifici ed evitare generalizzazioni che possono portare a conclusioni errate. Una comunicazione precisa riduce le possibilità di equivoci o malintesi e garantisce che il messaggio sia recepito come previsto.

Un altro aspetto da considerare è la strutturazione del messaggio. Una comunicazione ben strutturata, che suddivide il messaggio in un inizio, un corpo e una conclusione, rende più facile per il destinatario seguire il flusso di idee e argomenti. Questa organizzazione del discorso consente di presentare le idee in modo logico e coerente, rendendo il messaggio più facile da comprendere e da ricordare.

Un elemento che non deve essere trascurato è la componente non verbale della comunicazione. I segnali non verbali, come il linguaggio del corpo, le espressioni facciali e il contatto visivo, possono rafforzare il messaggio verbale e renderlo più convincente e credibile. Questi segnali trasmettono emozioni e sentimenti che le parole da sole non potrebbero esprimere e possono fornire indizi sulla sincerità o sull'autenticità del messaggio.

Anche l'ascolto attivo gioca un ruolo cruciale nel processo comunicativo. Prestare attenzione a ciò che l'interlocutore sta dicendo, fare domande per ottenere chiarimenti e parafrasare per confermare di aver compreso, dimostra rispetto e interesse per l'altro e migliora la qualità della comunicazione.

Rispettare il destinatario del messaggio è un altro principio fondamentale della comunicazione efficace. Ciò significa adottare un tono di voce amichevole, evitare di interrompere l'altra persona mentre parla e riconoscere i sentimenti e le opinioni dell'interlocutore. Questo rispetto aiuta a costruire un clima di fiducia e apertura, che facilita lo scambio di idee.

Anche il feedback è un elemento essenziale della comunicazione. Esso consente di correggere eventuali malintesi e di verificare che il messaggio sia stato compreso come previsto. Il feedback costruttivo può anche aiutare a migliorare future comunicazioni, fornendo suggerimenti su cosa fare o non fare.

Infine, è fondamentale prendere in considerazione il contesto nel quale la comunicazione avviene. Numerosi fattori entrano in gioco in questo senso, che spaziano dal luogo, al momento, fino alla natura della relazione intercorrente tra i comunicatori.

Innanzitutto, il luogo della comunicazione può avere un impatto significativo sulla sua efficacia. Ad esempio, un ambiente tranquillo e privato può facilitare discussioni delicate o complesse, mentre un luogo rumoroso e affollato può rendere difficile la concentrazione e l'ascolto attivo.

Il momento della comunicazione è un altro elemento chiave. Ad esempio, discutere di questioni importanti quando una o entrambe le parti sono stanche o stressate potrebbe non essere il momento più opportuno. Un momento in cui entrambe le parti sono rilassate e disponibili per l'ascolto è più favorevole.

Inoltre, la relazione tra i comunicatori può influire sulla percezione del messaggio. Le precedenti esperienze di comunicazione, le aspettative reciproche, e il livello di fiducia e rispetto possono influenzare il modo in cui il messaggio viene interpretato.

È bene tenere a mente la moltitudine di altri fattori che potrebbero influenzare la comunicazione. Questi includono: la cultura, le norme sociali, lo stato emotivo delle persone coinvolte, il bagaglio culturale, e molti altri ancora.

È importante ricordare che un contesto favorevole non garantisce di per sé una comunicazione efficace, ma può certamente facilitarla, creando un ambiente in cui la comunicazione aperta e sincera è più probabile. Al contrario, un contesto sfavorevole può ostacolare la comunicazione, creando barriere che possono rendere difficile l'espressione e la comprensione dei messaggi.

Conoscere e capire questi fattori contestuali può aiutare a pianificare e gestire meglio la comunicazione, aumentando le probabilità di raggiungere risultati positivi.

L'insieme di queste componenti crea un processo di comunicazione dinamico e complesso, in cui ciascun elemento non agisce in modo isolato, ma influenza ed è influenzato da altri elementi. Il miglioramento delle capacità comunicative passa attraverso la consapevolezza e la padronanza di questi vari aspetti. Ricordare che la comunicazione non è un semplice scambio di parole, ma un complesso intreccio di parole, gesti, sentimenti e aspettative, può essere un passo importante verso una comunicazione più chiara e assertiva.

L'Importanza della Coerenza Verbale e Non Verbale per l'Efficacia Comunicativa

Nel primo capitolo abbiamo brevemente discusso il concetto di comunicazione verbale e non verbale ed il suo impatto sulla comunicazione assertiva. In questa sezione, sarà possibile comprendere a fondo l'importanza della coerenza tra questi due tipi di comunicazione e la maniera in cui essi influenzano la chiarezza del messaggio che si intende comunicare.

La comunicazione è un processo complesso che coinvolge molto più dell'uso delle parole. Mentre il linguaggio verbale si occupa delle parole che usiamo per esprimere i nostri pensieri e opinioni, il linguaggio non verbale riguarda tutto il resto: il tono della voce, l'espressione del viso, il contatto visivo, la postura, i gesti e perfino il ritmo o la durata del nostro discorso. Entrambi svolgono un ruolo fondamentale nella creazione di un messaggio coerente e comprensibile.

Il mantenimento della coerenza tra linguaggio verbale e non verbale risulta di fondamentale importanza per una serie di motivi. Il primo fra questi riguarda il rinforzo del messaggio che si intende trasmettere. Quando si verificano congruenze tra il linguaggio verbale e quello non verbale, la capacità di comunicare intenzioni in modo più chiaro viene intensificata e, di conseguenza, la capacità di persuasione nei confronti dell'interlocutore aumenta. Prendiamo ad esempio una situazione in cui si stanno pronunciando parole positive: se il tono della voce utilizzato è allegro e le espressioni facciali risultano aperte ed amichevoli, l'impatto del messaggio sarà significativamente più convincente.

In secondo luogo, la coerenza riveste un ruolo chiave nello sviluppo della fiducia tra interlocutore ed ascoltatore. Un allineamento tra le parole dette e il modo in cui vengono pronunciate incoraggia la fiducia dell'ascoltatore. Al contrario, se il linguaggio verbale e non verbale non coincidono, potrebbe sembrare che si stia cercando di nascondere qualcosa e che l'interlocutore non sia sincero, elemento che potrebbe intaccare negativamente la fiducia tra le due parti. La fiducia è un ingrediente vitale nelle relazioni interpersonali, sia che si tratti di relazioni personali o professionali. Quando due persone si fidano l'una dell'altra, le interazioni diventano più semplici, autentiche ed efficaci. Pertanto, la coerenza tra il linguaggio verbale e non verbale può avere un impatto diretto sulla qualità delle relazioni interpersonali.

In terzo luogo, la coerenza tra linguaggio verbale e non verbale può anche facilitare la gestione e l'attenuazione dei conflitti. La capacità di esprimere sentimenti e opinioni in tramite linguaggio verbale e non verbale, facilita una comunicazione più efficace e una risoluzione dei problemi più agevole. Ad esempio, in una situazione di discussione difficile con un collega, se si riesce a mantenere un tono di voce calmo e un linguaggio del corpo aperto, è probabile che si riesca a mantenere la conversazione produttiva e costruttiva. In questo modo, i potenziali conflitti possono essere gestiti in modo più efficace, riducendo le tensioni e promuovendo un ambiente di lavoro positivo

Un altro punto importante riguarda l'assertività nella comunicazione, un aspetto che implica onestà e apertura verso sé stessi e gli altri. In questo contesto, l'allineamento tra linguaggio verbale e non verbale diventa particolarmente critico. Per esprimere in modo efficace un'emozione o un punto di vista, è necessario che il linguaggio del corpo, il tono della voce e le espressioni facciali rispecchino le parole utilizzate. Questo non solo permette una comunicazione più autentica, ma anche una maggiore probabilità che il messaggio venga interpretato correttamente.

È fondamentale sottolineare che, nonostante la sua grande potenza espressiva, il linguaggio non verbale può essere facilmente frainteso. Ciò accade perché esso è fortemente influenzato da diversi fattori, tra cui le differenze culturali. Ad esempio, il contatto visivo prolungato può essere interpretato come un segno di sincerità e affidabilità in alcune culture, mentre in altre può essere considerato invasivo o addirittura scortese. Allo stesso modo, i gesti possono avere significati molto diversi a seconda del contesto culturale. Un gesto che in un contesto può essere considerato positivo e accogliente, in un altro può essere visto come offensivo o minaccioso.

Quindi, oltre a cercare coerenza tra il linguaggio verbale e non verbale, diventa cruciale considerare come il linguaggio non verbale possa essere interpretato dagli altri. Questo richiede una consapevolezza e un rispetto profondo delle differenze culturali e una volontà di imparare e di adattarsi. A volte può essere utile cercare consigli o formazione interculturale per aiutare a navigare in questi complessi terreni di comunicazione.

Un'attenta considerazione di queste differenze può aiutare a prevenire malintesi e favorire una comunicazione interculturale più efficace. Può anche costruire relazioni più forti e più autentiche tra persone di diverse culture, poiché dimostra un rispetto e una considerazione per le loro norme e valori. In un mondo sempre più globalizzato, la capacità di comunicare efficacemente attraverso le barriere culturali è diventata una competenza sempre più preziosa.

Linguaggio Assertivo in Azione: Esempi Pratici

Per rendere più concreta l'importanza dell'assertività nel linguaggio, consideriamo diversi esempi di come essa possa manifestarsi nelle situazioni quotidiane.

Iniziamo con l'espressione di un'opinione o un'idea. Un esempio potrebbe essere: "Dopo una riflessione approfondita, sono giunto alla conclusione che l'espansione della nostra gamma di prodotti potrebbe essere una mossa strategica. Considerando le tendenze del mercato e le preferenze emergenti dei clienti, ritengo che tale scelta potrebbe consentirci di attrarre un pubblico più vasto e diversificato."

Successivamente, prendiamo in considerazione una richiesta. Si potrebbe dire qualcosa come: "Vorrei portare alla vostra attenzione un conflitto di programmazione che ho riscontrato. Ho un impegno improrogabile oggi che, sfortunatamente, coincide con la nostra riunione. Sarebbe per me di grande aiuto se potessimo riconsiderare l'orario dell'incontro, magari posticipandolo a domani."

In merito al rifiuto di una richiesta, un esempio potrebbe essere: "Mi lusinga molto la tua fiducia nell'affidarmi il tuo progetto. Tuttavia, al momento ho molti compiti da gestire e non sarei in grado di garantire l'attenzione necessaria al tuo progetto. Mi dispiace per l'inconveniente e spero tu possa comprendere la mia posizione."

Quando si tratta di gestire le critiche, un approccio assertivo potrebbe essere il seguente: "Valuto molto il tuo feedback e riconosco la differenza nelle nostre prospettive riguardo la mia recente decisione. La mia decisione è stata il risultato di una serie di considerazioni ponderate, ma sono più che disposto ad avere un dialogo costruttivo su questo argomento."

Per la risoluzione dei conflitti, si potrebbe adottare il seguente approccio: "Riconosco che le nostre opinioni su questo problema divergono significativamente. Tuttavia, sono fiducioso che, con un atteggiamento aperto e flessibile da parte di entrambi, siamo in grado di trovare una soluzione di compromesso che rispetti le nostre diverse prospettive."

Infine, per esprimere un bisogno o un desiderio, potremmo dire: "Mi farebbe molto piacere passare più tempo in tua compagnia. Ho pensato che una passeggiata serale potrebbe essere un'ottima occasione per noi. Che ne dici di fare una passeggiata insieme dopo cena?"

Promuovere l'Ascolto Attivo: Strategie e Tattiche

Promuovere un ascolto attivo è un elemento essenziale della comunicazione assertiva. Ascoltare attivamente significa non solo udire le parole che l'altra persona sta dicendo, ma anche comprenderne il significato, interpretare il linguaggio non verbale, e mostrare empatia e rispetto per il punto di vista dell'interlocutore. Di seguito, vengono presentate alcune strategie che possono aiutare a migliorare le abilità di ascolto attivo:

❖ Mantenere la Presenza: l'abilità di ascolto attivo si poggia sulla presenza, sia essa fisica o mentale. Implica l'impegno di mettere da parte tutte le distrazioni potenziali, come gli apparecchi elettronici o le preoccupazioni riguardanti altre questioni, e dedicare l'intera attenzione all'interlocutore. La presenza mentale è un prerequisito fondamentale per l'ascolto attivo, poiché solo focalizzando l'intera attenzione sull'interlocutore si può effettivamente ascoltare e comprendere ciò che sta comunicando.

❖ Esibire l'Interesse attraverso il Linguaggio Non Verbale: l'uso del linguaggio del corpo può trasmettere interesse o disinteresse. Mantenere un contatto visivo adeguato, annuire periodicamente e mostrare un'espressione facciale aperta e interessata può confermare all'interlocutore che si sta realmente prestando attenzione a quello che sta dicendo.

❖ Offrire Feedback Verbali: commenti come "Capisco" o "Mi sembra di capire che tu stia dicendo che..." servono a dimostrare all'interlocutore che si sta realmente prestando attenzione e si sta cercando di comprendere il suo punto di vista. Questi feedback verbali possono aiutare a consolidare la comprensione e a costruire un ponte comunicativo tra le due parti.

❖ Astenersi dall'Interrompere: interrompere l'interlocutore può essere percepito come un segno di mancanza di rispetto e può inibire la comunicazione efficace. È fondamentale aspettare che l'altra persona abbia concluso il proprio discorso prima di iniziare a rispondere.

❖ Formulare Domande per un Eventuale Chiarimento: se ci sono dubbi o incertezze riguardo a quello che l'interlocutore ha detto, è utile formulare domande che possano chiarire ogni dubbio. Questa pratica può prevenire fraintendimenti e dimostra all'interlocutore un vero interesse nel capire il suo punto di vista.

❖ Riflettere e Riassumere: una tecnica efficace di ascolto attivo consiste nel riflettere o riassumere quello che l'interlocutore ha detto. Questo aiuta a confermare la propria comprensione del discorso dell'interlocutore e può anche chiarire eventuali punti di confusione.

❖ Esprimere Empatia: mostrare empatia non implica necessariamente essere d'accordo con l'interlocutore, ma significa riconoscere e rispettare i suoi sentimenti ed esperienze. Commenti come "Deve essere stato difficile per te" o "Posso capire perché ti senti così" possono servire a dimostrare empatia.

❖ Praticare la Pazienza: talvolta, l'ascolto attivo può richiedere tempo, specialmente quando l'argomento trattato è complesso o carico di emozioni. Dare all'interlocutore il tempo di esprimere i propri pensieri e sentimenti senza fretta può dimostrare rispetto e pazienza.

L'ascolto attivo è una competenza che richiede pratica e impegno costante, ma può fare una grande differenza nella qualità della comunicazione. Non solo migliora la comprensione reciproca, ma può anche contribuire a costruire relazioni più forti e rispettose. Infatti, una comunicazione assertiva non implica solo l'espressione efficace dei propri pensieri ed emozioni, ma anche l'ascolto attento e rispettoso di quelli degli altri.

Capitolo 5: Navigare tra Conflitti e Critiche in Maniera Costruttiva

Tattiche per Affrontare i Conflitti in Maniera Costruttiva

L'approccio ai conflitti in maniera costruttiva riveste un ruolo fondamentale nel preservare relazioni sane e produttive. La comunicazione assertiva offre un insieme di tecniche che permettono di affrontare i conflitti in modo efficace, portando a una maggiore comprensione e crescita nelle relazioni.

❖ Esprimere Sentimenti e Bisogni in Modo Chiaro e Diretto: uno degli aspetti chiave della comunicazione assertiva consiste nel chiarire in modo diretto i propri sentimenti e bisogni. Questo significa utilizzare le espressioni legate all'io piuttosto che al tu, al fine di manifestare come ci si sente e cosa si desidera. Ad esempio, un approccio assertivo evita l'accusa e pone l'accento sui propri sentimenti. Invece di affermare "Tu non mi ascolti mai", è più costruttivo esprimersi dicendo "Mi sento ignorato quando parlo e ti vedo distratto". Questo tipo di formulazione aiuta a trasmettere le proprie emozioni e bisogni senza puntare il dito contro l'altra persona.

❖ Ascolto Attivo: l'ascolto attivo è un elemento essenziale della comunicazione assertiva che è stato discusso più a fondo nei capitoli precedenti. Facendo un breve riassunto, esso comprende il prestare piena attenzione all'interlocutore, dimostrare di capire ciò che sta dicendo e validare i suoi sentimenti e prospettive. Questo può essere realizzato attraverso tecniche come la parafrasi, che consiste nel ripetere quello che l'altra persona ha detto con le proprie parole per dimostrare di aver compreso il messaggio, e l'empatia riflessiva, che coinvolge il riconoscimento e la conferma dei sentimenti dell'interlocutore.

❖ Gestione delle Emozioni: durante un conflitto, è facile che le emozioni possano prendere il sopravvento, rendendo difficile la comunicazione assertiva. Tuttavia, la gestione delle emozioni è fondamentale per mantenere una comunicazione efficace e rispettosa. Questo può comprendere tecniche di rilassamento come la respirazione profonda, la meditazione o la visualizzazione, che aiutano a calmare la mente e a mantenere la chiarezza durante la conversazione. La gestione delle emozioni non solo previene reazioni eccessive durante un conflitto, ma aiuta anche a mantenere un approccio equilibrato e razionale.

❖ Risoluzione dei Problemi: una volta identificati e riconosciuti i sentimenti e i bisogni di entrambe le parti, si può lavorare insieme per trovare una soluzione che rispetti i diritti e i bisogni di entrambi. Questo processo potrebbe includere la ricerca di un compromesso o la generazione di soluzioni creative che possano soddisfare le esigenze di entrambe le parti. Il processo di risoluzione dei problemi richiede collaborazione, empatia e un'apertura alla prospettiva dell'altra persona, garantendo che le soluzioni proposte siano equilibrate e reciprocamente vantaggiose.

❖ Mantenimento del Rispetto Reciproco: anche durante un conflitto, è fondamentale mantenere il rispetto per l'interlocutore.

Questo significa evitare attacchi personali, incolpamenti o critiche non costruttive. Invece, è possibile esprimere disaccordo o frustrazione in modo rispettoso e costruttivo, riconoscendo le differenze di opinioni come un'opportunità per l'apprendimento e la crescita, piuttosto che come un ostacolo alla comunicazione.

Queste tecniche, insieme ad altre abilità di comunicazione assertiva, possono aiutare a navigare attraverso i conflitti in modo costruttivo. Non solo consentono di risolvere i conflitti in modo più efficace, ma favoriscono anche lo sviluppo di relazioni più forti e rispettose. È importante ricordare che il conflitto non è necessariamente negativo; se gestito in modo costruttivo, può effettivamente portare a una maggiore comprensione, apprendimento e crescita nelle relazioni.

Affrontare i conflitti in modo costruttivo non solo migliora le interazioni immediate, ma può anche portare a relazioni a lungo termine più forti e soddisfacenti. Questo è particolarmente vero nelle relazioni personali, dove la comprensione e il rispetto reciproco sono fondamentali. Tuttavia, queste abilità sono altrettanto utili nel contesto lavorativo, dove la capacità di risolvere i conflitti in modo costruttivo può portare a una maggiore produttività e armonia, e un ambiente di lavoro più positivo.

L'Arte di Ricevere e Dare Critiche

L'abilità di dare e ricevere critiche può sembrare un ostacolo impegnativo. Tuttavia, quando gestite correttamente, le critiche si trasformano in un prezioso strumento per il proprio sviluppo sia a livello personale che professionale. Vista l'importanza delle critiche costruttive nella vita di tutti i giorni, di seguito, vengono presentate alcune strategie che possono essere utilizzate per dare e ricevere critiche in modo costruttivo nel quadro della comunicazione assertiva.

Per dare critiche costruttive:

❖ Una comunicazione chiara e diretta è essenziale. Prima di iniziare, occorre assicurarsi che il messaggio sia compreso nella maniera desiderata. A tal fine, è importante fornire dettagli specifici sul comportamento o l'azione che si intende criticare, evitando commenti generici o vaghi che possono essere facilmente fraintesi.

❖ È importante essere specifici e orientati all'azione. Concentrarsi sul comportamento specifico che si desidera cambiare, non sulla persona stessa, aiuta a mantenere la critica costruttiva. Fornire suggerimenti concreti su come migliorare o cambiare il comportamento in questione può fare una grande differenza.

❖ Utilizzare la "tecnica del sandwich" può essere molto efficace. Questa tecnica prevede di iniziare e concludere la critica con un feedback positivo. Ciò può aiutare a mitigare l'impatto del feedback negativo e dimostrare l'apprezzamento per gli sforzi e i punti di forza dell'individuo.

❖ È essenziale utilizzare un linguaggio non accusatorio. Evitare espressioni come "tu sei" o "tu fai sempre" e optare per frasi come "mi sono sentito... quando..." o "ho notato che..." impedisce all'interlocutore di sentirsi attaccato e mantiene aperta la comunicazione.

Per ricevere critiche costruttive:

❖ Prestare attenzione è fondamentale. Prima di rispondere a una critica, è necessario assicurarsi di aver compreso pienamente il punto di vista dell'interlocutore. Porre domande, se necessario, e cercare di capire la sua prospettiva può essere molto utile.

❖ Gestire le reazioni emotive può essere difficile. È normale provare sentimenti di difesa o rabbia quando si ricevono critiche. Tuttavia, controllare queste reazioni permette di rispondere in modo costruttivo. Una critica dovrebbe essere vista come un'opportunità per imparare e crescere, non come un attacco personale.

❖ Se la critica non è chiara o sembra vaga, chiedere chiarimenti o esempi può essere utile. Questo permette di comprendere meglio il problema e di pensare a possibili soluzioni.

❖ Infine, è fondamentale utilizzare la critica come opportunità di apprendimento. Anche se può essere difficile, provare a vedere la critica come un'opportunità per migliorare. Riflettere su cosa si può imparare da questa esperienza e su come utilizzare la critica per migliorare in futuro può portare a un notevole sviluppo personale e professionale.

Come Mantenere un Clima Positivo in Situazioni ai Disaccordo

Nel mondo contemporaneo, la capacità di mantenere relazioni positive di fronte a disaccordi è una competenza indispensabile, sia nelle relazioni personali che professionali. Grazie alla comunicazione assertiva, si possono affrontare i disaccordi in modo tale da minimizzare il loro impatto negativo sulle relazioni.

Il rispetto reciproco si rivela essere la colonna portante di questa pratica. Indipendentemente dalle divergenze di opinione, è fondamentale mantenere un atteggiamento rispettoso nei confronti dell'altro. Questo implica un ascolto attento, evitare interruzioni o commenti dispregiativi, e riconoscere i sentimenti e le preoccupazioni dell'altra parte. Dimostrando rispetto, si può prevenire che il disaccordo muti in un vero e proprio conflitto.

Anche la chiarezza nella comunicazione gioca un ruolo cruciale nell'affrontare i disaccordi. Esprimere pensieri e sentimenti in maniera diretta ed onesta, con un linguaggio rispettoso e non accusatorio, permette di facilitare la comprensione reciproca. Inoltre, evitare di fare supposizioni o di leggere troppo nelle parole o nei gesti dell'altra persona riduce la possibilità di fraintendimenti.

L'ascolto attivo è un altro potente strumento nel gestire disaccordi. Ascoltare con attenzione ciò che l'altra persona sta dicendo, riflettere su di esso e rispondere in maniera ponderata possono contribuire a ridurre la tensione e facilitare la ricerca di una soluzione condivisa.

È altrettanto importante imparare a gestire le proprie emozioni, che possono essere particolarmente intense in situazioni di disaccordo. Se ci si accorge che le proprie emozioni potrebbero prendere il sopravvento sulla ragione, fare un respiro profondo o semplicemente prendersi una pausa prima di rispondere, possono aiutare a mantenere la calma e a gestire efficacemente le situazioni di contrasto.

È utile considerare il disaccordo non come una battaglia da vincere, ma come un'opportunità per trovare una soluzione che rispetti le esigenze e i desideri di entrambe le parti. Questo può richiedere un compromesso o potrebbe significare trovare un nuovo approccio che sia ritenuto soddisfacente da entrambi i soggetti coinvolti.

È, inoltre, fondamentale mantenere una mentalità aperta: i disaccordi sono normali nelle relazioni. Non bisogna permettere che un singolo disaccordo offuschi tutti gli aspetti positivi della relazione, così come non bisogna lasciare che esso danneggi la relazione nel suo insieme.

È utile ricordare che i disaccordi sono parte integrante delle relazioni umane. Ciò che conta è il modo in cui si gestiscono. Attraverso tecniche di comunicazione assertiva, è possibile affrontare i disaccordi in modo efficace e rispettoso, mantenendo allo stesso tempo le relazioni positive e sane.

Esempi di Gestione Assertiva dei Conflitti.

I seguenti esempi, tratti da vari contesti di vita, illustrano come la gestione assertiva dei conflitti possa essere applicata in modo efficace. In un contesto di lavoro, se un collega si prende costantemente merito per il lavoro del team, anziché permettere che l'ira cresca, si potrebbe rispondere in modo assertivo: "Ho notato che durante le nostre presentazioni, il contributo di tutti non viene sempre riconosciuto. Sarebbe più equo se ognuno di noi avesse l'opportunità di parlare del proprio lavoro durante le riunioni. Penso che questo potrebbe aiutare a migliorare il morale del team e l'efficienza del progetto".

Nel caso di un amico che continuamente cancella gli impegni all'ultimo minuto, potrebbe essere utile esprimere i propri sentimenti in maniera assertiva: "Ho notato che spesso cancelli i nostri piani all'ultimo minuto e questo mi fa sentire poco considerato. Mi piacerebbe che tu mi informassi in anticipo se non puoi rispettare un impegno, così da poter pianificare di conseguenza. Comprendo che emergenze possono capitare, ma un po' più di preavviso sarebbe apprezzato".

Infine, nel contesto familiare, se un membro della famiglia ha l'abitudine di interrompere mentre si parla, una risposta assertiva potrebbe essere: "Ho notato che quando parlo, a volte mi interrompi. Quando succede, mi sento come se il mio punto di vista non fosse importante. Mi piacerebbe che tu aspettassi che io abbia finito di parlare prima di rispondere, così posso esprimere completamente il mio punto di vista".

In ognuno di questi esempi, la persona comunica i propri sentimenti e le proprie preoccupazioni in modo aperto, onesto e rispettoso, usando un linguaggio non accusatorio e focalizzandosi sui propri sentimenti e bisogni. Ciò è un elemento chiave della comunicazione assertiva, che incoraggia a rispettare i propri diritti e sentimenti pur considerando quelli degli altri. In ogni esempio, l'individuo propone una soluzione o un cambiamento di comportamento, dimostrando che la comunicazione assertiva non è solo uno strumento per esprimere problemi, ma anche un metodo per la ricerca attiva di soluzioni costruttive.

Capitolo 6: Tessere Relazioni di Successo

Il Ruolo dell'Assertività nelle Relazione di Successo

L'impatto della comunicazione assertiva si estende a tutti i campi della vita, ed ha particolare influenza nell'ambito delle relazioni interpersonali di successo. Nella seguente sezione sarà possibile comprendere quali fattori rendono l'assertività un elemento di vitale importanza e quali step bisogna seguire per garantire la creazione di legami stabili basati sul rispetto reciproco.

Nel panorama delle competenze relazionali e comunicative, l'assertività si impone come un ingrediente essenziale per instaurare e mantenere relazioni di successo. Come accennato in precedenza, questa capacità si basa su un equilibrio delicato tra l'auto-affermazione e il rispetto per l'altro, permettendo di creare un ambiente in cui la sincerità, la comprensione reciproca e la fiducia possono prosperare. Una comunicazione assertiva promuove la chiarezza e trasparenza, aiutando le persone a esprimere le proprie idee e sensazioni in modo diretto ed onesto. Questa trasparenza può scongiurare malintesi e tensioni, costruendo nel contempo un terreno fertile per una fiducia solida e duratura.

Per questo motivo, la comunicazione assertiva contribuisce alla salute e alla prosperità delle relazioni. Quando i soggetti coinvolti in una relazione si sentono liberi di esprimere i propri sentimenti, bisogni e desideri senza timore di giudizio o ripercussione, si crea un clima di rispetto reciproco e considerazione. Questo tipo di ambiente permette alle relazioni di fiorire e di evolversi, poiché ogni individuo si sente rispettato e ascoltato. L'assertività appare quindi come uno stile di vita che valorizza l'autenticità, l'empatia e il rispetto reciproco, alimentando relazioni di successo in tutte le sfere della vita.

9 Strategie per Creare Legami Basati sul Rispetto Reciproco

Stabilire relazioni basate sul rispetto reciproco richiede un impegno cosciente e attivo da parte di tutti i soggetti coinvolti. Dopo aver compreso i vari elementi di una comunicazione assertiva, è possibile combinarli insieme per creare delle strategie che possano facilitare questo processo. Di seguito, troverai nove strategie che potrai applicare nella vita quotidiana per favorire l'utilizzo della comunicazione assertiva.

La prima strategia riguarda *il comprendere e rispettare i propri limiti e quelli degli altri*. Comprendere e rispettare i propri limiti e quelli altrui rappresenta un passo cruciale verso il raggiungimento di un'interazione equilibrata e rispettosa. Riconoscere le proprie esigenze, così come quelle altrui, significa accettare la propria individualità e rispettare l'unicità dell'altro. Questa accettazione radicata nell'autoconsapevolezza fornisce un fondamento solido per l'affermazione delle proprie necessità e per l'ascolto attento di quelle altrui.

In una relazione sana, ogni persona dovrebbe avere l'opportunità di esprimere liberamente i propri pensieri e sentimenti, senza la paura di essere giudicata o di subire ritorsioni. Questo tipo di comunicazione aperta ed onesta contribuisce a costruire un clima di fiducia e rispetto reciproco, permettendo ad entrambe le parti di sentirsi valorizzate e ascoltate.

Questo processo di riconoscimento e rispetto dei limiti non è sempre facile. Può richiedere coraggio e vulnerabilità, specialmente in situazioni di conflitto o di stress. Tuttavia, quando si è in grado di esprimere i propri bisogni e di rispettare quelli degli altri, si promuove un ambiente di comprensione reciproca. Questo può portare a relazioni più forti, poiché entrambe le parti sentono che i loro bisogni sono riconosciuti e rispettati. Oltre a promuovere relazioni più sane, il rispetto dei limiti ha anche un impatto positivo sull'autostima. Quando si è in grado di stabilire e far rispettare i propri limiti, si coltiva un senso di autostima e di sicurezza in sé stessi. Questa sicurezza può irradiarsi nelle interazioni con gli altri, contribuendo a formare relazioni basate sulla fiducia e sul rispetto reciproco.

La seconda strategia riguarda l'*ascolto attivo*. L'ascolto attivo non è solo un'abilità di comunicazione, ma un modo di mostrare rispetto e cura per l'altro. Non si tratta semplicemente di non interrompere o di dare l'impressione di ascoltare, ma di impegnarsi veramente nella conversazione. Significa riflettere su ciò che l'altro sta dicendo, chiedere chiarimenti quando necessario e rispondere in modo appropriato per dimostrare che le sue parole sono state capite e prese in considerazione.

Un aspetto fondamentale dell'ascolto attivo è la capacità di rimanere presente e focalizzato. Nella società odierna, piena di distrazioni e interruzioni, può essere difficile mantenere l'attenzione piena su ciò che l'altro sta dicendo. Tuttavia, resistere alla tentazione di distrarsi o di pensare alla prossima cosa da dire è vitale per un ascolto efficace. Allo stesso tempo, l'ascolto attivo implica l'empatia, ovvero la capacità di capire e condividere i sentimenti dell'altro. Quando ascoltiamo attivamente, ci sforziamo di capire la prospettiva dell'altro, anche se non è la stessa nostra. Questo tipo di empatia può aiutare a costruire un legame più profondo tra le persone, poiché ciascuno si sente compreso e apprezzato.

L'ascolto attivo è un atto di donazione. Quando ascoltiamo attivamente, diamo all'altro la nostra attenzione e il nostro tempo. Mostrare tale rispetto e considerazione può avere un impatto profondo sulla qualità delle nostre relazioni. Può aiutare a risolvere conflitti, a rafforzare il legame tra le persone e a promuovere una comunicazione aperta e onesta. In più, l'ascolto attivo può migliorare la nostra comprensione di noi stessi. Ascoltando attentamente gli altri, possiamo apprendere nuove prospettive e idee, che possono arricchire la nostra comprensione del mondo e del nostro posto in esso. In questo modo, l'ascolto attivo non solo migliora le nostre relazioni con gli altri, ma contribuisce anche alla nostra crescita e al nostro sviluppo personale.

La terza strategia riguarda l'*espressione libera dei propri pensieri e sentimenti*. L'espressione chiara e assertiva dei propri pensieri e sentimenti è un elemento fondamentale nel mantenimento di relazioni forti e salutari. Questo richiede una certa dose di coraggio e autostima, dato che esprimere apertamente ciò che si pensa e si sente può a volte sembrare rischioso. Tuttavia, il rischio è spesso compensato da una maggiore comprensione e da una connessione più profonda con gli altri. Essere in grado di comunicare in modo chiaro e assertivo richiede l'abilità di identificare e comprendere le proprie emozioni. Questo a sua volta richiede un'attenta introspezione e consapevolezza di sé. A volte, potrebbe essere necessario fare una pausa e riflettere prima di rispondere a una situazione, in modo da poter esprimere i propri sentimenti in modo preciso e appropriato.

La quarta strategia è il _feedback costruttivo_. Il feedback costruttivo è una forma potente di comunicazione che può portare a una crescita significativa sia a livello personale che a livello di relazione. È un modo di esprimere preoccupazioni, offrire consigli o suggerire cambiamenti nel comportamento di qualcuno in modo che la comunicazione sia accogliente, aperta e centrata sulla risoluzione dei problemi. Per fornire un feedback costruttivo, è fondamentale focalizzarsi sui comportamenti specifici piuttosto che sugli attributi personali. Ciò significa parlare di azioni o comportamenti specifici che possono essere modificati, piuttosto che attaccare la personalità o il carattere di una persona. Ad esempio, potrebbe essere più utile dire "Ho notato che quando arriviamo in ritardo agli appuntamenti, mi sento disorientato", piuttosto che "Sei sempre in ritardo".

È altrettanto importante esprimere il feedback in termini di come si è influenzati da un particolare comportamento, piuttosto che farlo sembrare un'accusa. Utilizzare dichiarazioni in prima persona, come "mi sento" o "ho notato", può aiutare a prevenire che l'altra persona si senta attaccata e possa invece aprire un dialogo. Il feedback costruttivo dovrebbe essere anche equilibrato. Ciò significa che, oltre a esprimere preoccupazioni o critiche, è importante riconoscere anche i punti di forza e i successi dell'altro. Questo può aiutare a rafforzare la fiducia e l'autoefficacia dell'altro, oltre a mostrare che si apprezza e si valorizza la totalità della persona.

Infine, esso dovrebbe essere guidato da un desiderio di miglioramento e di crescita. Dovrebbe essere offerto con gentilezza e rispetto, e con l'intento di sostenere l'altro nel suo percorso di sviluppo personale. In questo modo, il feedback diventa un'opportunità di apprendimento reciproco e di crescita congiunta, che può rafforzare il rispetto reciproco e l'intimità nelle relazioni.

La quinta strategia è la *risoluzione dei conflitti* in modo assertivo e costruttivo. Una corretta gestione dei conflitti è fondamentale per mantenere relazioni sane e durature. Questo non significa che si debbano evitare i conflitti, ma piuttosto che si debba affrontarli in modo rispettoso e produttivo. Il modo in cui si gestiscono i conflitti può avere un impatto significativo sulla salute e sulla longevità di una relazione. Anche in questo caso l'ascolto attivo rappresenta una delle chiavi per risolvere i conflitti in modo costruttivo. Ascoltare con attenzione e senza interruzioni mentre l'altra persona parla può aiutare a comprendere meglio il suo punto di vista. L'ascolto attivo implica anche mostrare empatia e validare i sentimenti dell'altra persona, anche se non si è d'accordo con il suo punto di vista.

Un'altra tecnica per una gestione costruttiva dei conflitti è la negoziazione equa. Questo significa cercare soluzioni che tengano conto delle esigenze e dei desideri di entrambe le parti. Una negoziazione equa richiede spesso compromessi da entrambe le parti. Tuttavia, questi compromessi dovrebbero essere visti non come perdite, ma come opportunità per entrambe le parti di ottenere qualcosa che desiderano. La risoluzione dei conflitti in modo costruttivo richiede anche una comunicazione aperta e onesta. Questo significa esprimere i propri sentimenti e pensieri in modo chiaro e diretto, evitando di fare supposizioni o di accusare l'altra persona. Invece, si dovrebbe focalizzare la conversazione sui comportamenti specifici e su come essi influenzano la relazione.

La sesta strategia è la *cura della relazione*. Cura e attenzione continuative sono fondamentali per mantenere vivaci e significative le relazioni nel corso del tempo. Proprio come un giardino richiede acqua, luce e nutrimento per fiorire, così una relazione ha bisogno di attenzione costante, apprezzamento e rispetto reciproco per prosperare.

Una delle componenti principali della cura continua è la condivisione di esperienze positive. Questo potrebbe significare godere insieme di attività che entrambe le parti apprezzano, celebrare traguardi o successi comuni, o semplicemente passare del tempo di qualità insieme. Questi momenti positivi possono rinforzare il legame reciproco e creare ricordi preziosi. Esprimere gratitudine reciproca è un altro aspetto cruciale della cura continua. Riconoscere e apprezzare gli sforzi dell'altro all'interno della relazione può rafforzare il rispetto reciproco e il senso di appartenenza. La gratitudine può anche aiutare a mitigare eventuali sentimenti negativi o conflitti che potrebbero sorgere.

Inoltre, la cura continua implica essere aperti alla crescita e al cambiamento. Le persone cambiano nel corso del tempo, così come le relazioni. Accettare e abbracciare questi cambiamenti può aiutare la relazione a evolvere e crescere in modo sano e sostenibile. In ultimo, essa comporta sostegno reciproco durante i tempi di sfida. Questo può includere l'offerta di conforto emotivo, il sostegno pratico o semplicemente l'ascolto quando l'altro sta affrontando difficoltà. Questo tipo di sostegno può rafforzare il legame e la fiducia reciproca, rendendo la relazione più forte e resiliente.

La settima strategia è il *dimostrarsi affidabile*. L'affidabilità rappresenta uno degli elementi cardine nel tessuto delle relazioni durature, sia a livello personale che professionale. È un ingrediente fondamentale che contribuisce a stabilire e mantenere la fiducia, creando un legame di reciprocità e rispetto. Mantenere le promesse è uno dei principali indicatori di affidabilità. Quando si prende un impegno, è essenziale far tutto il possibile per rispettarlo. Che si tratti di un compito lavorativo o di un accordo con un amico, il rispetto degli impegni presi dimostra l'importanza che si attribuisce all'altra persona e alla relazione che si condivide. Non mantenere le promesse, al contrario, può minare la fiducia e far dubitare della propria integrità.

Allo stesso modo, la coerenza è altrettanto fondamentale. Agire con coerenza significa essere stabili nelle proprie azioni, comportamenti e decisioni nel tempo. Questa stabilità offre agli altri una base solida su cui costruire la fiducia e un senso di sicurezza. In un mondo pieno di incertezze, la coerenza fornisce un senso di prevedibilità e rassicurazione.

L'ottava strategia consiste nel *promuovere l'uguaglianza*. L'uguaglianza è un concetto fondamentale nel sostenere relazioni sane e soddisfacenti. Significa che si riconosce il diritto di ciascuno ad esprimere liberamente i propri pensieri, con la certezza che questi saranno rispettati e presi in considerazione. Il valore della voce di ogni individuo non dovrebbe dipendere dal suo status, genere, età, o da qualsiasi altro fattore. Ogni voce conta e merita di essere ascoltata.

Promuovere l'uguaglianza nelle relazioni significa, pertanto, incoraggiare un equilibrio di potere. In una relazione equilibrata, nessuna delle parti ha un controllo eccessivo o un'influenza dominante sull'altra. Ogni individuo ha un ruolo attivo nel plasmare la direzione e il dinamismo della relazione. Questo equilibrio di potere è importante perché crea un senso di rispetto reciproco e di valore.

Promuovere l'uguaglianza in una relazione contribuisce inoltre a creare un senso di sicurezza e fiducia. Quando le persone sanno che le loro opinioni e i loro sentimenti sono validi e rispettati, si sentono più sicure e a proprio agio nell'aprire e condividere con l'altro. Questa apertura porta a una comprensione e connessione più profonde, rendendo la relazione più forte e più ricca.

Implementando queste strategie, è possibile creare relazioni basate sul rispetto reciproco. Questo non solo arricchisce la nostra esperienza delle relazioni, ma migliora anche la nostra qualità di vita in generale, poiché le relazioni sane e rispettose hanno dimostrato essere direttamente correlate alla felicità, alla salute e al benessere generale.

La nona strategia riguarda il _coltivare la pazienza e la tolleranza_. La pazienza e la tolleranza sono attributi essenziali per la sopravvivenza e la prosperità delle relazioni a lungo termine. Queste virtù agiscono come un collante che mantiene uniti gli individui anche nei momenti di tensione e di sfida.

Inevitabilmente, le relazioni attraversano alti e bassi. Esistono momenti di disaccordo, incomprensioni o stress, che possono mettere a dura prova la tenuta e l'armonia della relazione. In tali momenti, la pazienza diventa una risorsa inestimabile. La pazienza permette di prendere una pausa, di riflettere e di evitare reazioni impulsive che potrebbero peggiorare la situazione. Ciò aiuta ad ascoltare con apertura il punto di vista dell'altro e cercare soluzioni costruttive.

Accanto alla pazienza, la tolleranza gioca un ruolo altrettanto cruciale. La tolleranza rappresenta l'accettazione e il rispetto delle differenze e delle peculiarità dell'altro. Ogni individuo ha i propri punti di vista, le proprie preferenze, i propri stili di vita, e può essere che non sempre si allineino perfettamente con quelli dell'altra persona. In questi casi, la tolleranza permette di convivere con queste differenze senza che diventino fonti di conflitto.

Tuttavia, la tolleranza non significa sopportare comportamenti dannosi o abusivi. Esiste una linea tra l'accettazione delle differenze e il mantenimento del proprio benessere e rispetto. In una relazione sana, la tolleranza dovrebbe essere reciproca e basata sul rispetto.

L'importanza della Comunicazione Assertiva nelle Relazioni Personali e Professionali

La comunicazione assertiva svolge un ruolo cruciale nel facilitare interazioni efficaci e autentiche sia nella sfera personale che in quella professionale. Attraverso una efficace comunicazione assertiva, è possibile esprimere apertamente i propri pensieri, sentimenti e bisogni con rispetto per sé stessi e per gli altri può contribuire a un dialogo più aperto e onesto. Questo può ridurre i malintesi e i conflitti, migliorando al contempo la comprensione reciproca in tutti gli ambiti della vita.

In ambito personale, la comunicazione assertiva può far fiorire relazioni più autentiche. Può migliorare le interazioni quotidiane, rendendole più sincere e appaganti. Quando un individuo può esprimere liberamente sé stesso, senza timore di ritorsioni o giudizi, ciò può portare a un senso più profondo di connessione e comprensione reciproca. Questa apertura favorisce anche il rispetto dei confini personali, un aspetto cruciale delle relazioni sane. Quando le persone possono esprimere con rispetto i propri limiti, si crea un ambiente di rispetto reciproco. Ciò può aiutare a gestire situazioni in cui le aspettative non vengono soddisfatte, come quando un amico richiede costantemente del tempo o delle risorse senza reciprocità.

Nelle relazioni romantiche, Nelle relazioni romantiche, l'importanza di un dialogo autentico, diretto ma rispettoso, è ancora più rilevante. Questo tipo di comunicazione può agire come una sorta di scudo, prevenendo malintesi che possono portare a tensioni o conflitti. La capacità di esprimere le proprie emozioni, bisogni e desideri, oltre ad ascoltare attentamente quelli del partner, crea un ambiente di comprensione e rispetto reciproco. Le coppie che padroneggiano questa forma di interazione tendono a godere di relazioni più solide e appaganti. Questo perché riescono a discutere apertamente le loro aspettative, senza timore di giudizio o ritorsioni. Inoltre, un dialogo aperto permette di discutere eventuali problemi nel momento in cui emergono, invece di lasciare che si accumulino e diventino fonte di tensioni future. Soprattutto, la capacità di esprimere e comprendere i bisogni reciproci permette di trovare compromessi che rispettino le esigenze di entrambi. Questa è una componente chiave per costruire una relazione d'amore matura, equilibrata e duratura. L'apertura reciproca trasforma i conflitti in opportunità di crescita, consentendo a entrambi i partner di evolversi insieme, migliorando la qualità della loro relazione nel tempo.

In ambito lavorativo, l'arte di comunicare in maniera assertiva diventa un fattore chiave. Le prospettive individuali, le opinioni e le idee dovrebbero essere presentate in modo diretto, ma con rispetto, per alimentare un ambiente collaborativo e stimolare la produttività. Ecco un esempio pratico: un impiegato che si trova a dover gestire un carico di lavoro troppo pesante può utilizzare una comunicazione efficace e assertiva per far emergere le sue preoccupazioni e suggerire soluzioni alternative, come la redistribuzione di alcuni incarichi o l'assunzione di nuovo personale. Nello stesso contesto, la gestione dei disaccordi tra colleghi può beneficiare notevolmente di questa abilità. I contrasti sono inevitabili in qualsiasi ambiente di lavoro, tuttavia, se i membri del team sono in grado di affrontare le loro differenze con assertività, saranno più propensi a trovare soluzioni costruttive e a lavorare insieme per raggiungere gli obiettivi comuni. Nel complesso, la promozione di una comunicazione assertiva all'interno dell'organizzazione può portare a un clima di lavoro più salutare e più efficiente, dove ogni membro del gruppo si sente valorizzato, ascoltato e rispettato, creando così un ambiente lavorativo dinamico, positivo e produttivo.

Storie di Successo: L'Assertività come Elemento Chiave

La comunicazione assertiva ha avuto un ruolo chiave in molte storie di successo nelle relazioni, sia nel contesto personale che professionale. Ecco alcune casistiche che ne illustrano l'efficacia.

Caso 1 - Amicizie durature. nel caso di questo gruppo di amici, le sfide sono emerse a causa di aspettative e stili di vita diversi. Con l'evoluzione delle loro vite individuali, hanno scoperto che le differenze stavano creando tensioni tra loro. Tuttavia, piuttosto che lasciare che queste tensioni corrodessero le loro amicizie, hanno scelto di affrontare i problemi apertamente e in modo costruttivo.

Hanno usato la comunicazione assertiva come uno strumento per esprimere liberamente i loro pensieri e sentimenti. Invece di evitare i conflitti o di agire in modo aggressivo, hanno creato un ambiente sicuro in cui ciascuno potesse esprimere le proprie preoccupazioni e necessità. Ciò ha richiesto un livello di vulnerabilità e fiducia che ha rafforzato ulteriormente i loro legami.

Il risultato non è stato solo la risoluzione dei conflitti in corso, ma anche l'instaurazione di un nuovo equilibrio tra loro, basato su un'ampia comprensione e rispetto delle esigenze e aspettative di ciascuno. Hanno imparato a negoziare compromessi e a fare cambiamenti nei loro comportamenti per rispettare le esigenze degli altri. Questa esperienza ha servito come un punto di crescita per il gruppo, permettendo loro di rafforzare le loro amicizie a lungo termine e di imparare a navigare meglio nei conflitti futuri.

Caso 2 - Matrimonio felice: nel contesto del matrimonio, il conflitto è praticamente inevitabile, dato che si tratta di due individui con diverse prospettive e esperienze di vita che si uniscono per formare un'unica entità familiare. Nel caso di questa coppia, sono emersi disaccordi su questioni cruciali come la gestione delle finanze e l'educazione dei figli. Questi problemi, se non affrontati in modo appropriato, possono facilmente portare a frustrazione e risentimento.

Tuttavia, questa coppia ha adottato la comunicazione assertiva come principale strumento per gestire i loro disaccordi. Sono riusciti a esprimere le proprie opinioni e sentimenti con chiarezza e rispetto, evitando accuse e ritorsioni. Hanno posto l'attenzione sulla questione presente, senza permettere che le discussioni diventassero personali o offensive.

Attraverso discussioni aperte e oneste, hanno trovato soluzioni che rispettassero le esigenze e le preoccupazioni di entrambi. Questo approccio ha permesso loro non solo di risolvere i disaccordi, ma anche di costruire una comprensione e un rispetto reciproco più profondi. Il risultato è stato un matrimonio che, nonostante i disaccordi, rimane solido, amorevole e pienamente rispettoso delle individualità di ciascuno.

Caso 3 - Successo sul posto di lavoro: un team di un'azienda ha dovuto navigare attraverso un mare di malintesi e conflitti interpersonali che minacciavano la coesione del gruppo e l'efficacia del loro lavoro. Queste sfide possono facilmente erodere la fiducia e il rispetto reciproco, ostacolando la produttività e creando un ambiente di lavoro stressante.

Tuttavia, i membri del team hanno scelto di affrontare questi problemi adottando tecniche di comunicazione assertiva. Hanno iniziato a esprimere i propri punti di vista in modo più chiaro e rispettoso, creando uno spazio sicuro per la discussione aperta. Hanno iniziato a valorizzare l'ascolto attivo, facendo sentire ogni membro del team ascoltato e compreso.

Questo approccio ha notevolmente ridotto i malintesi, poiché ogni membro del team era ora in grado di comprendere meglio le prospettive degli altri. Questo ha migliorato la collaborazione tra i membri del team, che sono stati in grado di lavorare insieme in modo più efficace per raggiungere i loro obiettivi comuni. Il risultato è stata una maggiore produttività e un ambiente di lavoro più armonioso e rispettoso.

Caso 4 - Gestione dei conflitti in famiglia: in una famiglia allargata, la questione delicata dell'eredità ha innescato una serie di conflitti che hanno minacciato l'armonia familiare. Le tensioni sono aumentate e le incomprensioni hanno alimentato sentimenti di risentimento e frustrazione.

Per affrontare la questione, la famiglia ha deciso di abbracciare la comunicazione assertiva come strumento per risolvere i loro conflitti. Hanno organizzato incontri familiari in cui ciascun membro era incoraggiato a esprimere apertamente e rispettosamente i propri sentimenti, desideri e bisogni in relazione alla questione ereditaria.

Questo approccio ha creato un ambiente in cui tutti si sentivano ascoltati e i loro punti di vista venivano presi in considerazione. Grazie a questa comunicazione aperta e rispettosa, la famiglia è riuscita a raggiungere un accordo che rispettava i diritti e le esigenze di ciascun membro. Non solo hanno risolto la questione dell'eredità, ma hanno anche rinforzato la loro unità e il rispetto reciproco, dimostrando come l'ostacolo potesse trasformarsi in un'opportunità per crescere e migliorare come famiglia.

Caso 5 - Leadership efficace: un dirigente aziendale si è trovato di fronte alla sfida di gestire un team di diverse personalità e competenze. Capendo l'importanza di una comunicazione efficace, ha deciso di adottare un approccio assertivo per gestire le interazioni con i membri del suo team.

Invece di dare ordini o imporre il suo punto di vista, ha scelto di esprimere le sue aspettative in modo chiaro e rispettoso, incoraggiando apertamente il dialogo e la discussione. Ha valorizzato i contributi di ogni membro del team, riconoscendo il loro lavoro e l'unicità delle loro competenze.

Questo approccio ha favorito un clima di rispetto e collaborazione all'interno del team, creando un ambiente di lavoro in cui tutti si sentivano valorizzati e ascoltati. Di conseguenza, la produttività è aumentata e l'ambiente di lavoro è diventato più positivo e stimolante. La leadership efficace di questo dirigente ha dimostrato come la comunicazione assertiva possa essere un potente strumento per costruire relazioni di lavoro forti e positive.

Questi casi sono la prova di come la comunicazione assertiva possa giocare un ruolo fondamentale nel facilitare la comprensione reciproca, risolvere i conflitti e costruire relazioni durature e positive. Che si tratti di amicizie, relazioni di coppia, famiglie o ambienti di lavoro, la comunicazione assertiva può fare la differenza tra una relazione tesa e instabile e una relazione sana e gratificante.

Capitolo 7: Applicare la Comunicazione Assertiva in Contesti Specifici

L'Importanza di Modulare l'Assertività in Base al Contesto

Nel sesto capitolo, abbiamo analizzato l'influenza della comunicazione assertiva sullo sviluppo di relazioni stabili nei diversi ambiti della vita. In questa sezione, sarà possibile osservare nel dettaglio come tale assertività venga adattata alle diverse situazioni per garantire chiarezza e serenità generale. Infatti, la comunicazione assertiva, pur essendo un approccio universale, richiede un'attenta personalizzazione a seconda del contesto in cui viene applicata. Questo non significa che i principi di base cambino, ma piuttosto che la modalità di applicazione e le tecniche specifiche possono variare per rispondere efficacemente alle circostanze e alle dinamiche del contesto.

Il _contesto professionale_ è uno scenario dove la comunicazione assertiva trova ampio utilizzo. In tale contesto, è essenziale che le idee, le opinioni e le emozioni vengano espresse con rispetto, con l'attenzione posta sull'ascolto attivo e la considerazione delle prospettive altrui. Nel processo di risoluzione dei conflitti, l'approccio assertivo svolge un ruolo cruciale, esponendo i bisogni e le aspettative con chiarezza e trasparenza, contribuendo a instaurare un clima di rispetto e collaborazione. Tuttavia, in un ambiente lavorativo, si deve prestare attenzione alla professionalità, alla gerarchia e alle norme culturali aziendali, tutte variabili che possono modulare l'assertività.

Per quanto riguarda le _relazioni personali_, sia di amicizia che sentimentali, l'assertività rimane un elemento chiave per comunicare i propri bisogni e sentimenti, risolvere i disaccordi e costruire rapporti basati sul rispetto reciproco. In queste situazioni, l'assertività può richiedere una maggiore enfasi sulla condivisione emotiva, sulla comprensione empatica e sul supporto reciproco. Le dinamiche storiche e personali possono richiedere un approccio più sensibile o adattato all'assertività.

Nel *contesto familiare*, l'assertività è un ingrediente essenziale per favorire un clima di rispetto e comprensione reciproca. Tuttavia, le dinamiche familiari, che includono differenze di età, ruolo e potere, possono richiedere un adeguamento dell'assertività. Ad esempio, tra genitori e figli, la comunicazione assertiva dovrebbe equilibrare l'espressione di bisogni e limiti con il rispetto per l'autonomia e l'individualità del bambino.

In *scenari interculturali*, l'adattamento della comunicazione assertiva è particolarmente rilevante. Le diverse culture hanno norme e aspettative diverse in termini di comunicazione. Quello che viene interpretato come assertivo in una cultura può essere visto come aggressivo o passivo in un'altra. Pertanto, è fondamentale adattare l'assertività alle norme culturali, mantenendo sempre al centro i principi di rispetto, ascolto attivo e chiarezza nella comunicazione di bisogni e sentimenti.

L'Assertività in Famiglia

Nel contesto delle dinamiche familiari, la comunicazione assertiva svolge un ruolo cruciale, costituendo l'elemento portante per lo sviluppo di relazioni sane e rispettose. La sua importanza nell'ambito familiare si riflette in varie sfere, da quella dei rapporti genitori-figli a quelle delle interazioni tra partner o fratelli.

Comunicare assertivamente significa esprimersi apertamente e chiaramente e, in un contesto familiare, tale apertura consente di gestire le divergenze in modo costruttivo, evitando scontri superflui e prevenendo il rischio di sentimenti di rancore o incomprensione.

Il rapporto tra genitori e figli è uno scenario dove l'assertività riveste un ruolo di primaria importanza. I genitori devono stabilire chiari limiti comportamentali per i propri figli, rispettando allo stesso tempo la loro individualità e prestando ascolto alle loro preoccupazioni o desideri. Questo equilibrio tra guida e rispetto può essere raggiunto attraverso un'attenta e assertiva comunicazione. Per esempio, un genitore potrebbe affermare: "Ho bisogno che tu svolga i compiti prima di guardare la televisione, ma comprendo che desideri avere un po' di tempo libero. Che ne dici di fare una pausa di 15 minuti dopo cena e poi metterti al lavoro?". Questa modalità di comunicazione tiene conto sia delle necessità del genitore di stabilire regole, sia del bisogno del bambino di rilassarsi.

La comunicazione assertiva riveste un ruolo fondamentale anche tra i partner. Essa può contribuire a prevenire incomprensioni e risolvere conflitti in modo costruttivo. Ogni partner dovrebbe essere in grado di esprimere i propri bisogni e desideri, senza trascurare di ascoltare quelli dell'altro. Laddove un partner si sentisse eccessivamente carico di lavoro, potrebbe dire: "Mi sento molto stanco e avrei bisogno di un po' di aiuto con le faccende domestiche. Potresti occuparti della cena stasera?". In tal modo, il partner riesce a comunicare le proprie esigenze in maniera rispettosa e costruttiva, incoraggiando l'altro a collaborare.

La comunicazione assertiva trova applicazione anche nelle relazioni tra fratelli, aiutando a gestire le inevitabili differenze e i conflitti che sorgono tra individui che condividono lo stesso spazio e le stesse risorse. I fratelli possono imparare ad esprimere le proprie esigenze e sentimenti in modo rispettoso, senza ricorrere a comportamenti aggressivi o passivi.

Infine, la comunicazione assertiva all'interno della famiglia ha anche un importante aspetto educativo. I genitori che comunicano in modo assertivo possono fungere da modelli per i propri figli, insegnando loro come interagire rispettosamente e autenticamente con gli altri. Queste abilità serviranno ai figli per costruire relazioni sane e soddisfacenti non solo all'interno della famiglia, ma anche in tutti gli altri contesti della loro vita, preparandoli a diventare membri assertivi, rispettosi e comunicativamente efficaci della società.

L'Assertività sul Lavoro

In un contesto lavorativo, la comunicazione assertiva assume un ruolo vitale nel garantire la collaborazione produttiva, l'efficacia del team e la soddisfazione sul posto di lavoro. Si tratta di un'abilità cruciale per chiunque aspiri a creare un ambiente di lavoro rispettoso e costruttivo, a prescindere dal ruolo o dal livello gerarchico.

Nelle interazioni tra colleghi, la comunicazione assertiva facilita lo scambio di idee, il confronto costruttivo e la risoluzione dei problemi. Tramite la comunicazione assertiva, ogni membro del team può esprimere i propri pensieri e sentimenti, contribuendo a un ambiente di lavoro più trasparente e democratico. Per esempio, un membro del team potrebbe dire: "Ritengo che il progetto possa beneficiare se includiamo questa funzionalità. Potrebbe richiedere più tempo, ma credo che i benefici superino gli svantaggi."

Per i leader e i manager, l'abilità di comunicare in modo assertivo è fondamentale. Attraverso l'assertività, i leader possono fornire un feedback costruttivo, chiaro e preciso, senza offendere o demoralizzare i propri collaboratori. Ad esempio, un manager potrebbe dire: "Apprezzo il tuo impegno nel completare il progetto in tempo, ma ho notato alcuni errori nel report. Credo che tu possa fare meglio, perciò ti chiedo di rivedere questi punti." Questo tipo di comunicazione valorizza l'impegno del collaboratore, pur evidenziando le aree di miglioramento.

La comunicazione assertiva è anche fondamentale nelle negoziazioni, ad esempio durante le discussioni su salari, promozioni o assegnazioni di progetti. Essa consente ai lavoratori di esprimere i propri bisogni e desideri in modo chiaro e rispettoso, aumentando le possibilità di raggiungere un risultato soddisfacente per tutte le parti coinvolte.

Inoltre, la comunicazione assertiva favorisce l'equilibrio tra lavoro e vita personale. Ad esempio, un dipendente potrebbe dire: "Capisco l'importanza di questo progetto, ma ho già programmato un impegno familiare per quel weekend. Potremmo trovare un modo per rispettare entrambi i miei impegni?" Questo tipo di comunicazione permette ai dipendenti di affermare i propri diritti senza compromettere la loro professionalità o le loro responsabilità lavorative.

Infine, la comunicazione assertiva contribuisce a creare un ambiente di lavoro più inclusivo, rispettoso e sicuro, dove le persone si sentono ascoltate e valorizzate. A sua volta, questo può aumentare la motivazione, la produttività e la soddisfazione dei lavoratori, portando a risultati migliori per l'organizzazione nel suo insieme.

L'Assertività nelle Relazioni di Amicizia

Nelle relazioni di amicizia, la comunicazione assertiva può essere un componente chiave per costruire e mantenere legami duraturi, sinceri e rispettosi. Le amicizie, come qualsiasi altro tipo di relazione, possono avere momenti di tensione o di disaccordo. In queste situazioni, è importante poter esprimere i propri sentimenti e opinioni in modo chiaro e rispettoso, piuttosto che sopprimerli o esprimerli in modo aggressivo.

Nelle amicizie, la comunicazione assertiva può iniziare con l'autoconsapevolezza, ovvero con la comprensione dei propri sentimenti e bisogni. Ad esempio, se un amico ha detto o fatto qualcosa che ti ha fatto sentire ferito o svalutato, riconoscere questi sentimenti è il primo passo per affrontare la situazione in modo assertivo.

Il passo successivo è esprimere i tuoi sentimenti in modo chiaro e rispettoso. Questo può includere l'uso di "io messaggi", una tecnica di comunicazione che esprime i propri sentimenti senza incolpare o criticare l'altra persona. Per esempio, invece di dire "Sei sempre in ritardo", potresti dire "Mi sento frustrato quando devo aspettare, perché sembra che il mio tempo non venga rispettato."

Oltre a esprimere i propri sentimenti, la comunicazione assertiva nelle amicizie include anche l'ascolto attivo dei sentimenti e delle prospettive dell'altro. Questo può richiedere pazienza e empatia, ma può anche portare a una comprensione più profonda e a una risoluzione costruttiva dei disaccordi.

La comunicazione assertiva nelle amicizie non riguarda solo la gestione dei conflitti, ma anche l'edificazione reciproca. Quando un amico ha successo o affronta una sfida, la comunicazione assertiva può significare esprimere sinceramente il tuo sostegno e la tua ammirazione. Ad esempio, potresti dire "Sono davvero orgoglioso di te per aver superato quella sfida. So quanto ci hai lavorato."

Inoltre, la comunicazione assertiva nelle amicizie include la capacità di stabilire confini sani. Questo potrebbe significare dire "no" quando necessario, o esprimere le tue esigenze e desideri in modo chiaro e rispettoso. Ad esempio, potresti dire "Apprezzo l'invito, ma ho bisogno di tempo per me stasera. Possiamo rimandare a domani?"

Nel complesso, la comunicazione assertiva nelle amicizie è uno strumento essenziale per costruire relazioni reciprocamente rispettose, autentiche e durature. Permette a entrambe le parti di sentirsi ascoltate, valorizzate e comprese, contribuendo a una connessione più forte e profonda.

Strategie per Adattare la Comunicazione Assertiva a Situazioni Specifiche

La comunicazione assertiva è un'abilità trasversale che può essere adattata a una varietà di situazioni. Non importa se ci si trova in un contesto familiare, lavorativo, amichevole o in qualsiasi altra situazione sociale, la capacità di comunicare in modo chiaro, rispettoso e onesto è fondamentale. Tuttavia, ciò non significa che tutti i contesti richiedano lo stesso approccio. Di seguito sono elencati alcune tattiche per adattare la comunicazione assertiva a situazioni specifiche.

❖ Conosci il tuo pubblico: comprendere il tuo pubblico è una componente fondamentale per qualsiasi tipo di comunicazione. La tua capacità di adattare la tua comunicazione in base a chi ti trovi di fronte può avere un impatto significativo sulla sua efficacia. Se stai parlando con un collega, ad esempio, potrebbe essere appropriato utilizzare un linguaggio tecnico o specifico del settore. Mentre, se stai parlando con un superiore, potrebbe essere più opportuno utilizzare un tono formale e rispettoso.

In una conversazione con un parente o un amico, potresti voler utilizzare un tono più colloquiale e personale. Adattare il tuo stile di comunicazione in base al contesto e alla persona con cui stai interagendo ti consente di creare un'atmosfera di apertura e comprensione. Ti consente di condividere le tue idee e i tuoi pensieri in modo che siano compresi e rispettati.

È importante sottolineare che "conoscere il tuo pubblico" non significa manipolare la tua comunicazione per piacere agli altri, ma piuttosto comunicare in modo che le tue idee siano comprese e rispettate. Pertanto, adattare la tua comunicazione non prevede che tu comprometta la tua autenticità, ma piuttosto che utilizzi il tuo stile di comunicazione in modo flessibile e sensibile al contesto e alle persone con cui stai interagendo.

❖ Adatta il tuo messaggio al contesto: è fondamentale riconoscere che diversi contesti richiedono vari gradi di formalità e informalità. Comprendere questo può aiutare a facilitare la comunicazione e ad evitare potenziali incomprensioni o malintesi. Prendiamo ad esempio un ambiente di lavoro, che solitamente richiede un livello di formalità più elevato. Qui, è importante esprimersi in modo professionale, preciso e rispettoso. L'approccio dovrebbe essere più diretto e mirato, poiché le discussioni tendono ad essere focalizzate sugli obiettivi aziendali e sul raggiungimento dei risultati. Al contrario, un contesto amichevole, come un incontro sociale o una chiacchierata con gli amici, può tollerare un grado di informalità più elevato. In queste situazioni, il linguaggio può essere più colloquiale e rilassato, e la conversazione può spaziare su un'ampia varietà di argomenti, non necessariamente orientati verso un obiettivo specifico.

Comprendere il grado di formalità o informalità appropriato può aiutare a creare un'atmosfera di apertura e a costruire un rapporto con le persone con cui stai comunicando. Inoltre, permette di esprimere le proprie idee in un modo che sia in sintonia con il contesto e la persona o le persone con cui si sta interagendo.

❖ Sii consapevole delle tue emozioni: le emozioni possono esercitare un'influenza significativa sullo stile di comunicazione adottato, modulando tono, linguaggio e comportamento. Quando si è sopraffatti da sentimenti negativi come rabbia, frustrazione, ansia o paura, la tendenza potrebbe essere quella di ricorrere a modi di comunicare poco costruttivi o rispettosi. Ad esempio, di fronte a rabbia o frustrazione, si potrebbe cadere nel tranello della comunicazione aggressiva, alzando la voce, accusando gli altri o reagendo in modo impulsivo.

Al contrario, in presenza di ansia o paura, potrebbe emergere un atteggiamento di comunicazione passiva, evitando il confronto e reprimendo bisogni e sentimenti. La consapevolezza delle proprie emozioni rappresenta un passo cruciale per gestire queste tendenze e favorire una comunicazione assertiva, rispettosa sia delle esigenze personali sia di quelle altrui. Quando si riconosce il proprio stato emotivo, è possibile prendersi un momento per respirare e riflettere su come esprimersi. Per esempio, in presenza di rabbia, si potrebbe scegliere di comunicare la frustrazione in maniera costruttiva, dicendo qualcosa come

"Mi sento frustrato quando..." piuttosto che reagire in modo aggressivo. Se si avvertisse ansia, potrebbe essere utile riconoscere la paura e scegliere di esprimere le preoccupazioni in modo diretto, invece di evitare la situazione. Essere consapevoli delle proprie emozioni permette anche di sintonizzarsi con quelle degli altri, migliorando la capacità di ascolto attivo e di empatia. Riconoscere e rispettare le emozioni degli altri può contribuire alla costruzione di un rapporto di fiducia e rispetto reciproco, favorendo un ambiente propizio per una comunicazione assertiva. In ogni caso, la consapevolezza delle proprie emozioni e di quelle altrui rimane un elemento fondamentale della comunicazione assertiva, indipendentemente dal contesto in cui ci si trova.

❖ Usa tecniche di affermazione di sé: l'impiego di tecniche specifiche di assertività può essere particolarmente utile a seconda del contesto. Anche in questo caso, le affermazioni "io" rappresentano un metodo efficace per esprimere sentimenti personali senza cadere in accuse o critiche nei confronti di altri. Indipendentemente dal contesto, dire "Mi sento frustrato quando l'attesa si prolunga" risulta molto meno accusatorio di "Sei sempre in ritardo".

La tecnica del "disco rotto" risulta vantaggiosa quando si ha bisogno di insistere rispettosamente su un punto. Questa strategia prevede la ripetizione costante di una stessa richiesta o affermazione, mantenendo sempre la calma e coerenza, nonostante le obiezioni o le deviazioni altrui. Supponendo che qualcuno continui ad interrompere durante un incontro, si potrebbe ripetere "Preferirei terminare il punto in discussione" ad ogni interruzione.

❖ Preparati in anticipo: le situazioni particolarmente stressanti o impegnative possono beneficiare di una preparazione accurata. Questo può comportare una riflessione attenta su ciò che si intende esprimere, un allenamento meticoloso attraverso esercizi di pratica del discorso o anche l'anticipazione delle possibili reazioni e risposte che potrebbero essere incontrate. Essere pronti in questo modo consente di affrontare le discussioni con più sicurezza e di gestire in modo efficace le risposte, favorendo così un dialogo più assertivo. Tale preparazione aiuta a mantenere un approccio rispettoso e a rimanere concentrati sul proprio messaggio, anche in situazioni potenzialmente difficili o conflittuali.

Adattare la comunicazione assertiva a situazioni specifiche richiede pratica e riflessione. Tuttavia, con l'esperienza, è possibile diventare più abili nell'utilizzo di questo stile di comunicazione in vari contesti.

CONCLUSIONE

Nel corso di questo libro, abbiamo esaminato un'ampia varietà di principi e tecniche associati alla comunicazione assertiva. Questo approccio comunicativo è essenziale per costruire e mantenere relazioni positive e rispettose, sia personali che professionali.

La comunicazione assertiva si basa sul rispetto reciproco e sulla considerazione dei diritti e dei sentimenti sia propri che degli altri. Al contrario della comunicazione passiva, che tende a ignorare i propri diritti, o della comunicazione aggressiva, che non rispetta i diritti altrui, l'assertività offre un equilibrio tra entrambi. L'autoconsapevolezza, l'autoriflessione e la gestione delle emozioni sono aspetti cruciali di questo processo.

Abbiamo discusso l'importanza dell'autoconsapevolezza, che è la capacità di riconoscere e comprendere i propri sentimenti ed emozioni. Con l'autoriflessione, ci concentriamo su come le nostre emozioni influenzano il nostro comportamento e il modo in cui interagiamo con gli altri. Abbiamo esplorato una serie di tecniche per gestire le emozioni, come la respirazione profonda, la meditazione e la pratica della mindfulness.

Nel contesto dell'autostima, abbiamo esaminato il legame tra la considerazione di sé e l'affermazione dei propri diritti. Tecniche per migliorare l'autostima, come la pratica dell'autocompassione e la visualizzazione positiva, sono state presentate. Inoltre, abbiamo affrontato l'importanza della sicurezza nell'esprimere le proprie idee e sentimenti, e strategie per superare l'insicurezza e la paura di esprimersi.

Abbiamo visto come la comunicazione chiara è un altro elemento cardine dell'assertività. La chiarezza si ottiene attraverso la coerenza tra il linguaggio verbale e non verbale, prevenendo ambiguità e fraintendimenti. Abbiamo esaminato come promuovere un ascolto attivo e tecniche per esprimersi in modo efficace.

Nel gestire i conflitti, la comunicazione assertiva svolge un ruolo fondamentale. Abbiamo discusso strategie per affrontare i conflitti in modo costruttivo, come dare e ricevere critiche in maniera produttiva, mantenere relazioni positive nonostante i disaccordi, e come gestire situazioni conflittuali in modo assertivo.

Infine, abbiamo evidenziato il ruolo cruciale della comunicazione assertiva nella costruzione di relazioni basate sul rispetto reciproco. Le tecniche per instaurare e rafforzare relazioni a lungo termine, e come adattare l'assertività a situazioni specifiche, sia personali che professionali, sono state affrontate.

Dalla lettura di questo libro avrai evinto che il processo di apprendimento delle tecniche di comunicazione assertiva richiede tempo, pratica e pazienza. Tuttavia, il valore di tale impegno è immenso. Inizialmente, potrai sentire un certo grado di disagio o insicurezza nell'applicare le tecniche. È importante ricordare che è normale sentirsi così quando si sta tentando di cambiare vecchi schemi di comportamento e di comunicazione. Ma con la pratica costante, diventerai più sicuro e a tuo agio nell'usare queste tecniche.

Pertanto, ti incoraggio ad intraprendere questo percorso di apprendimento e crescita personale. Metti in pratica le tecniche imparate, esplora come influenzano le tue interazioni e osserva i cambiamenti positivi che ne derivano. ti assicuro che ne vale la pena.

Se pensi che questo libro ti sia piaciuto e ti abbia aiutato, ti chiedo gentilmente di dedicare qualche istante per lasciare una breve recensione su Amazon.

Grazie!

Gennaro Lucchese

Printed by Amazon Italia Logistica S.r.l.
Torrazza Piemonte (TO), Italy

51451039R00100